具体の知能

野中哲士 著

新・身体とシステム

佐々木正人・國吉康夫 編集

金子書房

序

二〇〇一年から刊行を開始した第一期シリーズ「身体とシステム」の序は、以下のように書き始められた。

現在、心（マインド）の科学といわれている領域がはっきりと姿をなしたのは十九世紀後半のことである。しばらくして人々はその新しい領域を心理学と呼び始めた。この新しい学問は、医学や生理学、生物学、物理学、文学などと連続した領域であり、二十世紀哲学の母体でもあった。心理学というのは多種の思考の混淆体であり、そこには未知の可能性があった。残念ながらこのオリジナルの柔軟さはやがて失われた。物質科学の厳密さへのあこがれに縛られ、対象を自在に見詰める眼差しは曇った。リアリティを研究者の都合で分裂させ、その一つ一つのかけらのなかで事象を因果的に説明しつくす方法論が急速に浸透した。その流儀の後継者たちが長らくこの領域で優位にたった。

そして序は以下のように続けられていた。

二十一世紀になった。いま種々の領域がまったく独自に心の研究をはじめている。はじまりの心の科学の活気が戻ってきている。

本シリーズのタイトル「身体とシステム」は、ここに述べられているように、還元主義と因果論を特徴とする二十世紀心理学の伝統とは異なる「ヒトの科学」の道を探るあらゆる試みを意味していた。シリーズの第一期では、この機運を、文化、社会、認知、表現、記憶などの領域で示す六冊を刊行した。

第一期から時が経ち「身体とシステム」の動向には、その核心部分で、つまり身体それ自体の捉え直しにおいてめざましい進展がある。ここに刊行する「新・身体とシステム」シリーズは、このように急速に変わりつつある「身体とシステム」のすがたをあらためてコンパクトな叢書として読者に届けるために企画された。

現在の「身体とシステム」は二つの動きからなる。

すでに一九三〇年代の革新は、ヒトの動きが下位システムの複合する高次システムであることを見通していた（ニコライ・ベルンシュタイン著『巧みさとその発達』（工藤和俊訳／佐々木正人監訳　金子書房）ように、二十世紀科学は、ヒトの動きが機械の運動とはまったく異なる原理によることを明らかにした。いまではマクロな身体現象に複雑系や、とくに非線形科学（非平衡現象の科学）の解析法をもちいることがトレンドになり、洗練された方法は身体についての知識を一変させた。これが第一の動向である。

こうした運動科学の世界的な変化に、知覚の生態学的アプローチが合流したのは一九八〇年頃である。二つの出会いが、媒質（空気）の光構造や、振動の場、ソフトな力学的接触などからなる生態学的情報に身体が包まれ、身体運動の制御がそれらと無関係ではないことを明らかにした。周囲に潜在する膨大な意味が、包囲情報が特定する環境表面のレイアウトにあるという発見がもたらされた。身体とそれを囲むところをシステムと考える、この第二の動向は、認知科学、ロボティクス、リハビリテーション、プロダクト・デザイン、建築などの分野に広がっている。

わが国の研究者は、この環境と身体を同時に射程に入れるヒトの科学の一翼を担っている。二〇〇七年に新時代の「身体とシステム」を議論する「知覚と行為の国際会議」が横浜で開催され、半数以上の海外発表を含む百五十名の参加者が交流した。

このような時代に書き継がれる、「新・身体とシステム」各巻には、概念と事実の新しい展開が提示されている。ベルンシュタイン問題（多自由度身体の制御法）への確立したアプローチ、非線形運動科学による多様なジャンルの複雑な行為の解明、身体に生まれながら埋め込まれている（固有の）ダイナミクスをベースとする発達運動学、包囲音情報に含まれている行為的意味の音響分析、面レイアウトの意味を探る生態学的幾何学、実世界動物のしなやかで巧みな振る舞いの原理から構成するソフト・ロボットや乳児ロボットなどが各巻の主題となる。

各巻は、身体について、その動きの原理について、身体の周囲をデザインすることについて、はじめて述べられることが、わかりやすく紹介されている。心理学とその関連領域の研究者や院生のみならず、ヒトの科学の新時代に興味を持つ若い高校生や学部生をはじめ「身体とこころ」について考える広い読者にも、このシリーズの各巻が何かのヒントになれば幸いである。

二〇一六年五月

「新・身体とシステム」編者

佐々木正人

國吉康夫

目次＊具体の知能

プロローグ

ダランベール　――本質的に物質と異なっていて、しかも物質と結合しているもの――物質の動きにつきしたがいながら、自分は動かずに物質を動かし、物質にたいして働きかけながら、逆に物質からあらゆる変化をこうむるもの――僕はそんなものを少しも心に描くことはできないが、そんな矛盾した性質を帯びたものは許容しにくいということは、僕も認めるさ。だが、そうしたもの〔の存在〕を斥けるひとをまだまだ分からないことがたくさん待ち構えているよ。早い話が、それの代わりに君が信奉している、例の感受性（sensibilité）とやらも、もしそれが物質の一般的で本質的な特性だとすれば、結局石も感じなければならないことになるよ。

ディドロ　石が感じてなぜいけない？（ディドロ、新村訳、一九五八、一〇頁）

そこに「ある」ことから始めてみる。

空気があって、地面があって、からだがある。空気はちいさな分子や微粒子をふくみ、地面は無数のスケールででこぼこや肌理をもち、からだはとてもやわらかい。

そこに「ない」もの、たとえば絵に描かれた海や、本の中の登場人物は、絵や本のまわりで何が起ころうとおかまいなしである。

これとは対照的に、そこに「ある」ものは、みずからに具わった体の独特の性質に応じて、みずからのまわりにある事物の全体を独特の仕方で映し出す。空気はまわりで起こった出来事を粗密の波として表現し（Ⅲ章参照）、細胞はまわりにあるものの硬さや混みぐあいに応じて分化し（Ⅱ章参照）、石の性質はそれが生成されたまわりの歴史を物語るとともに、加えられた衝撃に応えて独特の割れ方をして見せる（Ⅳ章参照）。

本書では、環境のなかで実際に場所を占めているものや出来事を、「具体」と呼んでみる。そして、そこに「ある」ということを第一の与件として、「知能」と呼ばれる現象について考えてみたい。

だから、この本に登場するのは、空気であったり、水であったり（Ⅲ章）、肉であったり（Ⅰ、Ⅱ章）、石であったりする（Ⅳ章）。これらがまさにそこに「ある」とき、その独特の性質は、どのようにしてそのまわりの事物を映し出すのか。

この問いが、本書を貫くテーマである。

Ⅰ章　多の原理

みずから動くことは、わたしたち動物が周囲の環境と切り結ぶ主要な方途である。引っ張ることしかできない筋肉と、引っ張る力にしか抵抗できない結合組織が全身をめぐるからだは、「みずから動く」わたしたちのふるまいに何をもたらしているのだろうか。

1　厄介なからだ

引っ張ることの問題

　博物館に飾られているような骨格そのものは、人工的に針金かなにかを用いて固定してやらないかぎり、ばらばらになってしまう。実際に生きているときには、骨格は骨ばかりではなく、骨と骨とをつなぐ靭帯、筋膜、筋肉、腱をもっている。その構造の美しさと強さは、部分部分に存在するのではなく、これらの圧縮材と引張材との調和によってつくりだされる（Thompson, 1917, pp.968–969）。

　人がつくる建物や機械は、硬いものをつなぎあわせることで、構造が安定するようになっているものが多い。小さいときから、積み木の上に積み木を積んで建物をつくるといった考え方に、わたしたちは慣れ親しんでいる。

　では、わたしたちのからだはどうだろう。

　もちろん、ひとつひとつの骨は硬くて、からだの支柱のような役目をしている。けれども、骨格はあくまでからだを支えているひとつの要素にすぎない。博物館の骨格が支えなしでは立っていられないように、わたしたちのからだにある二百あまりの骨は、引っ張る力しか発揮することができない四百あまりの骨格筋と、引っ張る力にしか抵抗できない腱や靱帯、筋膜などによって、四方から絶えず引っ張られていることによって、はじめてその配列を保っていられる（図1-1）。

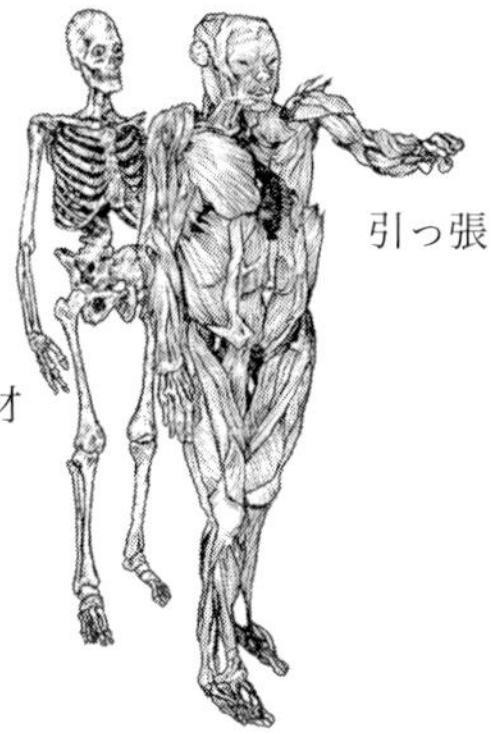

図1-1　からだの圧縮材（骨）を幾重にもとりまく引っ張り材
(Turvey & Fonseca, 2014より)

このようなわたしたちのからだの構造は、たとえばロボットアームや車、ミシン、時計といった、わたしたちの身のまわりにある「動く人工物」の構造とは、ずいぶんと異なっている。わたしたちのからだを動かす「エンジン」となるものは、硬い金属のシャフトと結ばれたモーターではなくて、言ってみればゴムひものような、引き伸ばされると回復しようとするエネルギーを貯めこむ骨格筋である。

重力などの外から加わる力によらずに、わたしたちのからだが動くただひとつの方法は、この独特の性質をもつ線維群で骨を引っ張ることである。なにも考えずに現に動きまわっているわたしたちにとって、この独特なエンジンの性質がわたしたちのふるまいにどれほどの意味をもつのかを想像するのは、実際のところなかなかむずかしい。

二〇世紀半ば、ロシアの運動学者ベルンシュタイン（Bernstein, N. A.）は、からだの動きについてわかりやすく説明した著作『デクステリティ（Bernstein, 1996）』の中で、読者の想像を助けるためにこんなたとえ話を挙げている。たとえば、車のエンジンと駆動部分をつなぐシャフトがバネだったらどうなるだろう。坂道やぬかるんだ道、向かい風などのまわりの状況によってバネは引き延ばされたり、突然弾けるように縮んだりして、正確にリズムを刻むエンジンの動きは、そのままのかたちではタイヤには伝わらないだろう。

あるいは、ミシンの回転部の動きを針の上下運動へと変換するシャフトがゴムでできていたらどうなるだろう。デニムのような堅い生地を縫おうとすると、回転部は動き続けていても、針の動きはとまってしまう。そこでミシンをとめて生地を外すと、今度はひっぱられたゴムが急にはじけるように、貯えられていた弾性エネルギーが放たれて、針が勢いあまって動き出したりする。わたしたちの身のまわりの人工物の部品を、弾性をもつやわらかいものに取り換えただけでも、動きのコントロールはずいぶんと厄介なものになるのは、なんとなく想像できる。

わたしたちのからだを動かしているのは、つながった一群の引っ張り材である。筋線維は、収縮力を発揮する線維が数万本直列に連結してできていて、骨格筋は、これら一群の筋線維が束ねられたものだ。さらに骨格筋は、弾性をもつ腱を介して骨に貼りついていて、多くの関節では、靱帯と呼ばれる線維性の結合組織が引っ張ることで骨と骨との配置関係が保たれている。筋線維と筋線維、筋肉と筋肉、筋肉と腱といった複数の組織は、筋膜と総称される結合組織が引っ張ってまとめている。

腱、靱帯、筋膜は、まとめて軟部結合組織と呼ばれ、引っ張る力にしか抵抗できない性質をもつ。わたしたちのからだは、やわらかい筋肉と軟部結合組織が織りなす引っ張りの力で、幾重にも包まれている。

こうした独特な性質をもつからだが、これまた独特な性質をもつ地上環境に置かれるときに、いったいなにが起こるのだろうか。ここではさしあたって、このような独特なゴムひものような組織を引っ張ることで動くからだは、硬い部品を押して動く機械とは、だいぶ動作の勝手が異なる代物だということを、確認しておきたい。

運動指令の多義性

一九三五年に発表された論文のなかで、ベルンシュタインは次のように述べた。

現在まで暗黙のうちに生理学者や医者によって受け入れられてきた見解では、関節の動きは中枢神経系からの信号に一対一の関係で付き従うかたちで、信号によって完全に支配されると言う。この図式では、中枢神経系からの信号aはつねにAという動きを生み、信号bは常にBという動きを生みだす。このような想定に基づくと、大脳皮質の運動野が、それぞれの動きに対応したボタンをもつパネルのようなものだと考えられてしまうのも無理からぬことだろう（Bernstein, 1967, pp.19-20）。

右のような見解にしたがうと、わたしたちがからだの動きをコントロールすることにまつわる問題は、いかにAと対応するaを計算、修正して正しく求めるかという問題と、ほとんどおなじものとなる。しかし、伸び縮みするやわらかい筋肉が、複雑につながった結合組織を介して骨を引っ張って動かしているという事実を重く見ていたベルンシュタインは、「関節の動きが中枢神経系からの信号によって一対一の関係で決定される」という前提は、そもそもからだの設計上おかしいのではないかと、早くから疑っていた。

ベルンシュタインは右とおなじ論文の中で、神経から筋肉に伝わる信号がいったいどの程度まで環境内で生起するからだの動きを支配できるものなのか、あらためて順を追って、次のように整理している。

とりあえず、極端に単純な状況を考えてみる。たとえば、ひとつの体肢をひとつの軸まわりに動かすひとつの筋肉が重力下にあって、それが神経支配によって収縮すると仮定してみる（Bernstein, 1967）。

弾性をもつ筋肉が引っ張ることのできる力は、その時点でどのくらい筋肉が伸びているかに依存する。実際、さまざまな長さで筋線維を固定し、筋線維を刺激したときに生じる引っ張りの力を測定すると、その力は長さによって変化することが確かめられている。また同時に、筋肉が収縮する力は、長さだけではなく、筋肉が収縮する速さにも影響を受ける。ひとまず筋肉と骨を結ぶ腱の伸びを無視すると、ある時点の筋肉の長さとその収縮の速さは、そのときどきの関節の角度と動きを反映する。

つまり、仮に外力がまったくなく、ひとつの筋肉がひとつの回転軸をもつ関節をまたがって貼りついているというきわめて単純化された仮想状況においてさえも、筋肉が発揮する張力は、神経から筋肉に伝わる信号と一対一では対応せず、少なくとも、そのときの関節の角度および動きを加えた三つの変数の関数となることになる。

筋肉が骨を引っ張る力は関節の動きそのものではない。関節の動きの変化、すなわち各関節の角加速度は筋が収縮する力と比例するけれども、同時にその関節の回転軸まわりの体肢の慣性モーメント、すなわち回転に対する抵抗にも反比例する。たとえば手に何かをもったり、からだの先端の部位がちょっと動いたりすることで質量の分布は即座に変化し、それに応じてそれぞれの回転軸における関節まわりの慣性モーメントは刻々と変化する。さらに、関節を軸まわりに回転させる力は、筋肉が引っ張る力の大きさだけではなくて、回転軸から筋肉が引っ張る力のベクトルまでの距離にも依存する。関節が動くとき、筋肉と回転軸との配置関係は刻々と変化し、筋肉が収縮する力がたとえまったく同じであったとしても、骨を回転させる力は変化してしまうという事態が生じる。

ここではじめて、外力のひとつである重力を考慮にくわえてみる。もちろん、関節にはたらく重力のモーメントはそのときの関節の角度に依存する。さらに外力は重力のみではなく、からだの動きには摩擦力やその他のさまざまな外力がはたらき、そのすべてを前もって知ることはできない。

たとえば、からだのある動きをするのに必要な力の時間変化が図1-2のBのカーブ、外力がAのカーブだとすると、当の動きをするためには、Cの部分に相当する力を筋肉は発揮しなければならない。けれども、Cの部分に相当する力の変化パターンは、外力Aによってさまざまに変化し、実際の動きに必要とされるBが見せるカーブとそのまま対応することはあり得ない。仮におなじ動きを繰り返すにしても、外力Aを前もって知ることはできず、Aに応じてその都度臨機応変に異なるCの領域を描かざるを得ない。しかも、「量的に見ると、からだの動きは往々にして、神経支配よりも外力の場により大きく依存している（Bernstein, 1967, p.21)。」

さて、現実には関節を動かすのはひとつの筋肉ではなくて、おなじ関節に作用する複数の筋肉からなる筋群であり、その中にはふたつの関節にまたがって貼りついている二関節筋と呼ばれる筋肉もある。さらに筋肉は腱を介して骨に貼りついているけれども、腱もまた伸ばされる力を貯えて回復しようとし、また変形の速度に抵抗が依存するような粘弾性をもつ。

さらに筋肉と筋肉は、筋膜のような結合組織によってつながっていて、からだ全体をこうした結合組織のネットワークが幾重にも覆っている。そのため、実際に環境内で具現するからだの動きには、ひとつの筋肉だけではなく、おなじ関節にかかる他の筋肉の状態ばかりか、筋肉と骨をむすぶ腱の状態、筋肉や軟部結合組織を介してつながった他の身体部位のそのときの姿勢や動き、予測不可能な仕方で変化する外力など、無数の要因が影響することになる。

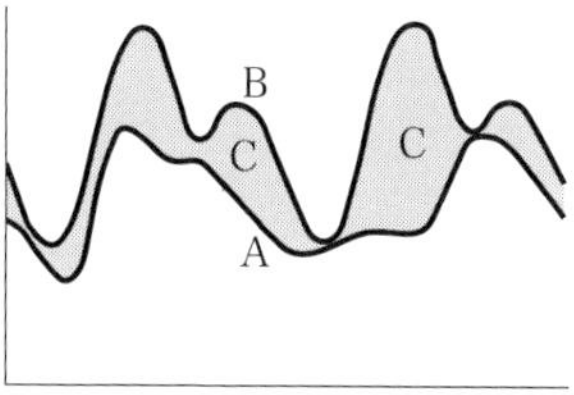

図1-2　A：外力の時間変化，B：具現するからだの動きをもたらす力の時間変化，C：Bの実現に向けて外力Aに応じて変化する筋肉の活動（Bernstein, 1967より）

そのときどきの状態のちがいと、予測不可能な外力の存在のために、脊髄を介して筋肉に伝わるおなじ信号が、状況によってはまったく異なるからだの動きを生じさせたり、まったく異なる信号がおなじ動きを生じさせたりすることになる。
ここでのベルンシュタインの議論は拍子抜けするほど単純で、あたりまえのことが言われているのにすぎない。しかし、このようなまっとうな正論を辿っていくと、その帰結として、神経系を伝わる運動「指令」は、その由来を問わず、けっして環境内でのからだの動きを「支配」できないことが暴かれてしまう。からだの動きを命令の実行と見なす伝統的な生理学には、重力をはじめとする外力や、まわりの多様な環境とわたしたちのやわらかいからだが出会うときに生まれる出来事についての洞察が決定的に欠けている。この欠落について、彼一流の皮肉でベルンシュタインは次のように表現した。

銀河系の彼方から人間を未だかつて目にしたことがない知的存在が地球を訪れたとする。人間について知るために、彼はまず現代の生理学の教科書を手に入れる。教科書に目を通して、人間とはなんと奇妙なものよと彼は驚嘆する。教科書の図に描かれているのは、尋常ならざる有機的組織の完全なまでの調和とその複雑さである。相互調整の驚くべき正確さをもってこの生き物は食物と酸素をとりこみ、物質は組織的にその体内をめぐり、血液循環、内分泌、排泄、造血、免疫系がきわめて繊細かつ自律的に制御される。神経系は、至るところに枝をのばし、その身体内部のあらゆる機能を協調させる力をもつ。しかし――このすばらしい機構を備えた生き物は動かないのだ！異星人は人間がベッドの上に微動だにせずに横たわっているか、あるいはもしかすると、星と星のあいだの、モノや外力、重力さえもが届かないような虚空に宙づりになっているのだろうと想像する。そこで異星人は疑問に思う。ではいったい、これらの内部の精緻な機構は、何のためのものなのだろうか（Bernstein, 2006, pp.13-14）。

2
張力による組織

百足が、どうしてそんなにたくさんの脚を、一時に揃えて動かすことができるのか、と尋ねられた時、その問が百足を「止め」て、それについて考えさせた。この「止る」ことと考えることが、脚の間に大混乱を起こして、めいめい勝手に動こうとした。百足はそれで命を失った（鈴木、北川訳、一九四〇、七六頁）

わたしたちのからだは、多くの仕方で動かすことができる膨大な可能性をもっている。全身で独立に動かせる身体部位の可能な動かし方の数、つまり、からだの可動な部位間の関係を指定するのに必要な独立変数の最小の数のことを、一般に身体運動の自由度と呼ぶ。

なすべきことに対して自由度が多いということは、おなじことが異なる仕方で達成できることである。このことはつまり、なにかをするとき、からだの動き方がひとつに定まらないことを意味する。冗長な自由度は、いろいろな仕方で動くことを可能にするが、わたしたちのふるまいのコントロールには問題ももたらす。

たとえばわたしたちが、ごはんを食べたり、しゃべったりしている場面を想像してほしい。いろいろな仕方で曲がるたくさんの関節や、あらゆる向きに動かすことができるやわらかい舌の動きなど、からだの部分ひとつひとつの動きにいちいち気を配っていたら、大変なことになるのは想像がつく。ではいったい、どうやって膨大な自由度をもつ人のからだは、特定のはたらきに向けてまとまって動くことができるのだろう。

もちろん、これは人間だけの問題ではない。周囲を見まわすと、骨格をもたず、動きの軸や向きを規定するような関節をひとつももたないような、膨大な自由度の身体をもつ生き物がいくらでもいたりする。ミミズ、ナメクジ、ヒル、ゴカイ、ハエの幼虫、アメフラシなど、実にさまざまな種類の動物が、多くの自由度をもつからだを柔軟にコントロールしながら、多様な環境のなかで暮らしている。

リーフェル（Rieffel, J. A.）と共同研究者たちは、わずか数百の運動ニューロンしかもたないけれども、やわらかく膨大な自由度の身体をコントロールしているタバコスズメガの幼虫の研究をヒントに、工学では厄介とされてきた、振動や波を全体に伝えるからだの性質が、動物の動きに利用されている可能性に注目した（Rieffel et al., 2010）。

やわらかい引っ張り材でつながったからだでは、たとえひとつひとつの部位の動きをモニターして、それに応じて運動指令が出されたとしても、各部位の動きは他の部位の動きと複雑に干渉しあう。このような場合、全体のふるまいを、個々に指令した「部分の挙動の足し合わせ」としてコントロールすることはできない。

工学では、このような部位間の干渉は厄介者とされてきた。たとえば、橋梁などでは、軽量化や構造の柔軟化にともなって、振動が発生しやすくなる。局所の振動が全体に伝わり、固有振動周期と共鳴すると、構造物全体が予想外に大きく動いたりすることがある（Strogatz et al., 2005）。このような予測不能の事態が起こることを避けるために、工学ではこれまでさまざまなダンパーや振動の減衰機構が考案されてきた。

リーフェルたちは、このような部位間の非線形的な相互作用を抑えてしまうのではなくて、むしろ工学では厄介とされてきた当の性質を逆手にとって利用することで、動物のように膨大な自由度をもつシステムを動かすことはできないだろうか、と発想を逆転させた。そのように考えた彼らがまず目標としたのは、やわらかく自由度の大きなからだをもち、自律

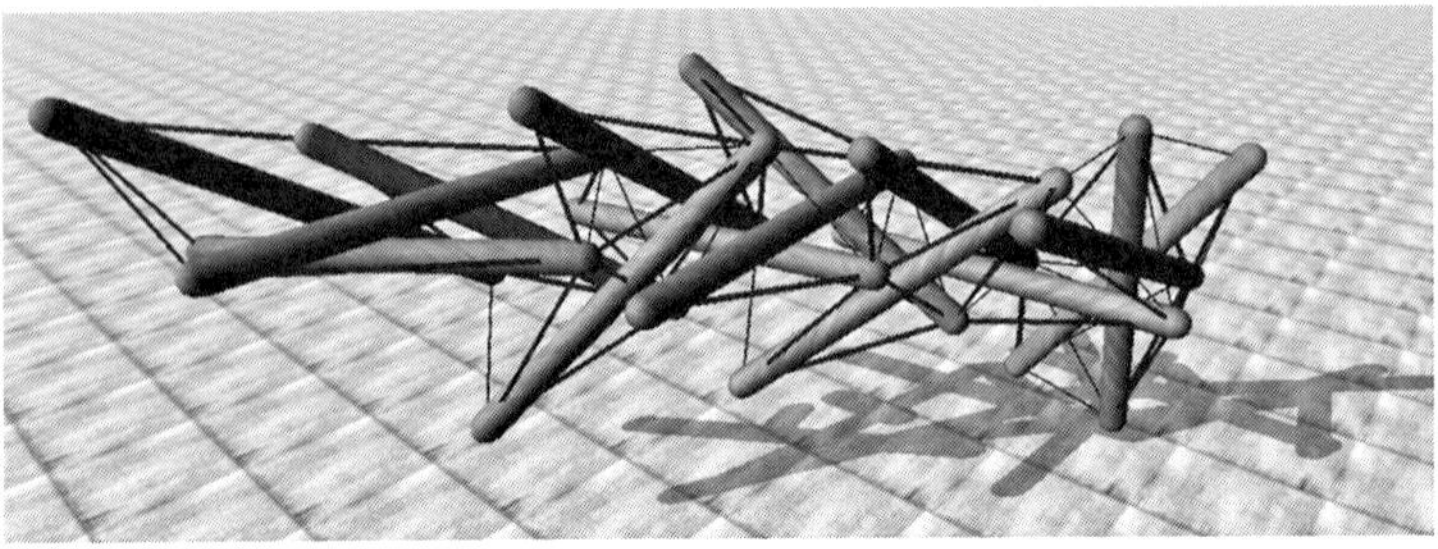

図1-3　リーフェルたちが仮想のシミュレーション環境でつくった移動ロボット（Rieffel et al., 2008より）〔出所　Bullock, Nobel, Watson and Bedau, eds., *Artificial Life XI: Proceedings of the Eleventh International Conference on the Simulation and Synthesis of Living Systems*, © 2008 by the Massachusetts Institute of Technology〕

的に環境の中を移動することができるロボットを作ることだった。

この目標に向けて、リーフェルたちが仮想のシミュレーション環境で作ったのは、頭も尾もない奇妙なロボットだった（図1-3）。このロボットでは、一五本の互いに接していない硬い棒を、七八本の糸が引っ張ってむすんでいて、全身に伝わる連続的な張力によってかたちが保たれている。このロボットのように、全体を引っ張る力がめぐることで構造のまとまりを保つ設計原理を「テンセグリティ」と呼ぶ。テンセグリティについては、次章で詳しくとりあげる。

ロボットの一五本のそれぞれの棒の両端は、複数の糸によって引っ張られていて、棒の両端のそれぞれには、つながった複数の糸のうち一本の糸の張力を感知するセンサーと、その糸を引っ張ることができるアクチュエーターが備えられている。

さて、どうやってこのロボットを動かしたらよいだろうか。たとえば、仮にどこかに制御中枢を置いて、このロボットの動きをコントロールするとしよう。そのためには、一五本の棒の両端についた合計三〇個のセンサーから入力される信号に常に目を光らせながら、複雑に影響しあうそれぞれの糸の張力の変化パターンを協調させるかたちで、三〇個のアクチュエーターに出力信号を送る必要が生じる。しかし複雑に変化する張力の分布と、多くの自由度のために、ひとつひとつの糸の張力をモニターしながら逐一指令を出すような伝統的な中枢制御は、このようなロボットではまったく用をなさない。

そこで、リーフェルたちは全体を統合するような制御中枢をまったく置かないことにした。その代わりに、それぞれの棒に、両端の一対のセンサーとアクチュエーターと対応する二系統の入出力をもつSNN（スパイキングニューラルネットワーク）と呼ばれる独立したコントローラーを置いた。SNNでは入力、出力ともにスパイクの時系列によって表わされる。重みづけされた入力スパイク列は内部で加算され、その総和があるしきい値を超えるとスパイクが出力されるが、しきい値以下であれば時間とともに減衰していく。

こうして、入力スパイクのリアルタイムな変化に応じて出力スパイク列のタイミングはダイナミックに変化していくことになる。リーフェルたちのシミュレーションでは、デューティー比（註1）が三割を超えたときに、糸が静止状態の半分の長さにまでぐいっとたぐり寄せられるようになっていた。

このロボットを移動させるために、リーフェルたちは進化的な手法を使った。まず、（一）SNNの入力スパイクに対する重みづけと、（二）それぞれの棒の端につながった複数の糸のうちのどの糸を引っ張るか、という二つのパラメータをランダムに割り当てた一五〇の個体を作った。これらの一五〇の個体のうち、単位時間あたりの重心の移動距離が大きかった個体を選択し、それらを次世代の親として、パラメータをかけあわせていくことで、次世代の個体群をさらに作っていった。こうした操作を一〇〇〇世代繰り返した結果、うまく移動することができる個体が現れた。

さて、移動できるようになったロボットは、統合する中枢なしで、いったいどのようにして動いているのだろうか。図1-4aは、進化したある個体の一五本の棒の両端でアクチュエーターが引っ張る計三〇本の糸が、移動時にどのように引っ張られていたかを示したものである。驚いたことに、この個体では、周期的に引っ張られていた糸はわずかに二本だけで、それ以外の多数の糸はほとんど自分では何もしていなかった。全身を構成する一五本の

註1　スパイクの持続時間とスパイクの待機時間の比率のように、ある期間において、スパイクが「オン」である時間が占める割合を指す。

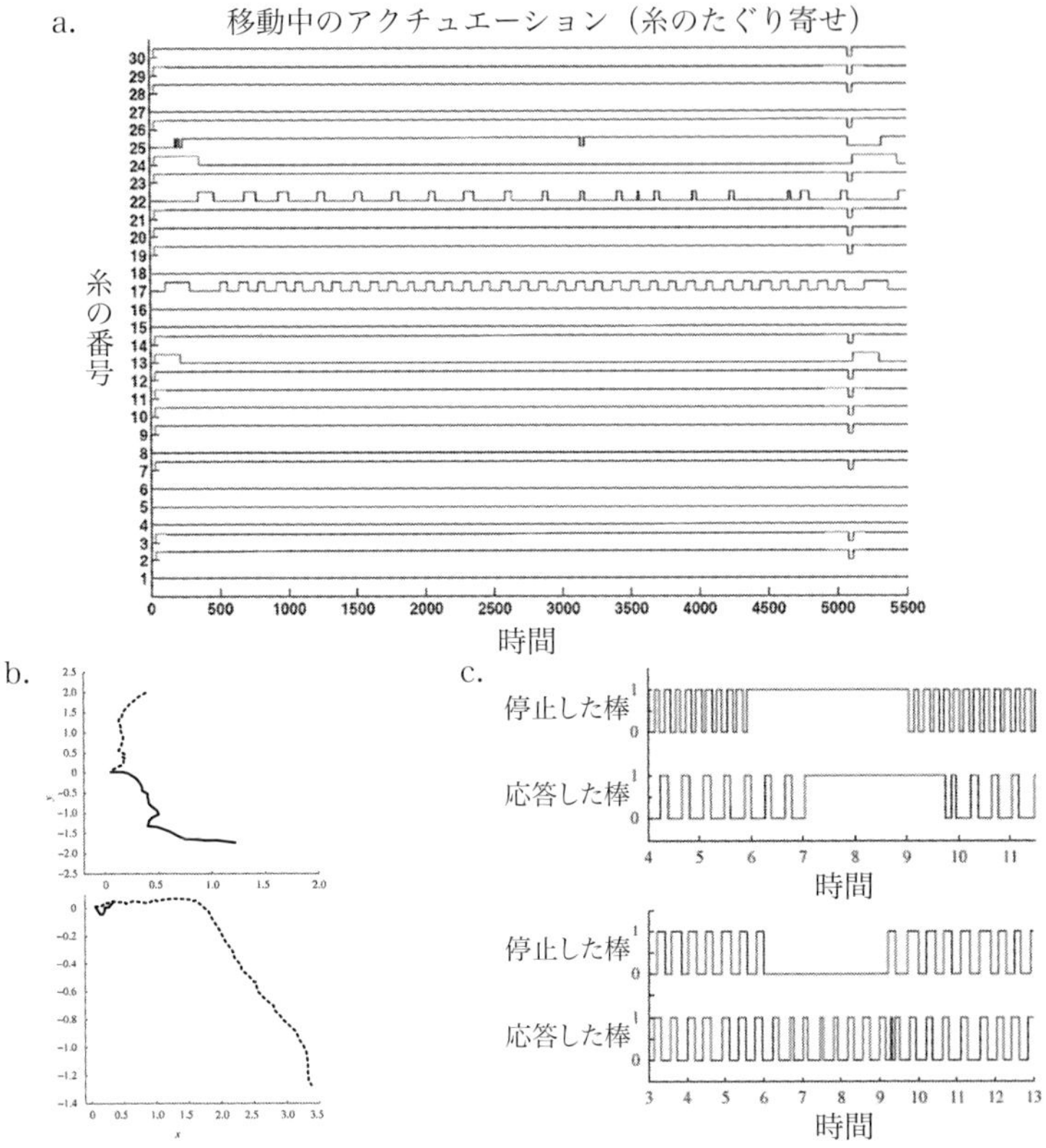

図1–4　a. 移動中のロボットにおける30本の糸を引っ張るアクチュエーターの活動（Rieffel et al., 2008より）〔出所　図1–3と同じ。© 2008 by the Massachusetts Institute of Technology〕, b. 速度を3倍遅くしたとき（上）と3倍速くしたとき（下）のロボットの移動経路（点線：元の速度のとき，実線：速度が変化したとき），c. ひとつの棒の活動を停めたときの他の棒の応答（上：同期して活動を停め，再開すると戻る，下：停止するとスパイクの頻度が上がり，再開すると戻る）（Rieffel et al., 2010より）〔出所（b, c）*Journal of the Royal Society Interface,* 7 (45), Fig5, Fig6〕

棒とそれをむすぶ七八本の糸のうち、わずか二本の糸が周期的に引っ張られるだけで、これだけ複雑な構造のロボットの移動が実現していた。

このロボットのシミュレーションが行われた仮想環境では、ロボットの各個体の移動場面における糸を引っ張る一連の動作の系列を記録して、さまざまな速さで再生してみることができた。そうすることによって、ロボットの力学的な性質は変化させずに、糸を引っ張るパターンが生起する速さだけを変化させたときに、ロボットの挙動がどのように変化するのかを観察することができる。

記録された各個体の動きの再生スピードを実際に遅くしたり速くしたりしてみると、ある個体では速さが三分の一になった時点で進行方向が九〇度転回してしまい（図1-4b上）、また別の個体は、速さが三倍になると、ほとんど動けなくなってしまった（図1-4b下）。ロボットの移動は、どんな速さでも変わらないような性質のものではなく、糸を引っ張るタイミングのわずかな変化が全体のふるまいに大きな影響をおよぼすようなダイナミックなものだった。

もっと不思議なこともあった。

リーフェルたちはためしに、移動中のロボットのひとつの棒のSNNの動作を停めてみた。すると、情報を統合する中枢をもたず、停止した棒とはニューラルネットワークが直接結線していないはずの他の棒のSNNは、当の棒の動作が停まっている間、同じようにスパイクの出力を停止したり、逆にスパイク出力の頻度を上げるなどしてすぐさま応答し、ロボットは途切れることなく移動しつづけた。さらに、一旦オフにしていた棒のスイッチを再びオンにすると、他の棒もまた、即座に元通りのスパイク列を出力する状態に戻ることが確かめられた（図1-4c）。

ではいったい、個々の独立した棒のモジュールは、どうやって他の棒の状態を「知り」、それに応じてみずからのふるまいを変化させて、移動をつづけることができたのだろうか。もちろん、SNNのネットワークはそれぞれの棒で独立していて、別々の棒に埋め込まれた一五のモジュールのあいだには、スパイク情報のやりとりは存在しない。しかし、このロボットのからだには、全身をめぐる糸を介した張力による力学的な干渉が存在する（Rieffel et al., 2010）。

このロボットは、張力がむすぶひとつの閉じたネットワークによって、全体のまとまりが保たれている。このような構造では、ちょうどクモの巣のように、棒と棒をむすぶひとつの区間の糸の張力が変化すると、その区間だけではなくて、全体の張力の分布にも変化が生じる。からだのどこかに力が加わって張力が高まると、他の部分も以前よりも強く引っ張られるかたちで、ローカルな張力の変化は、常に全体に影響していくことになる。

このことはすなわち、全体をめぐる張力の分布に、ひとつひとつの棒の挙動が「映って」いることを意味している。それぞれの棒のあいだで、直接スパイク情報のやりとりをすることがなくても、それぞれの棒は全身をめぐる張力の場に向きあうことで、そこに映し出された変化のパターンに、他の棒の挙動を見ることができる。ひとつの棒が動かなくなると、そのことは張力場のグローバルな構造に影響し、張力のネットワークとそれぞれローカルに接している他の棒は、目の前の張力場に「映っている」全体的な挙動の変化に対して応答することができる。

すべての可動部の動きについて中枢がいちいち情報を取得し、統合するシステムにおいては、からだの動きの自由度が増えることは、コミュニケーション経路の複雑さや、情報処理の負担へと直接つながる (Rieffel et al., 2010)。しかし、コミュニケーションの媒質は、なにもスパイク列が伝わる神経のネットワークに限定される必要はないだろう。振動を伝える張力材でもなんでも、そこにある、手に入るものを利用すればいいわけだ。

リーフェルたちのロボットは、からだ全体をめぐっている張力を利用することで、自由度の問題がそのまま情報処理の複雑さの問題へとはつながらないような、中枢制御とは異なるシステムのひとつの具体的な可能性を示してみせた。そして、彼らが示したシステムの特徴は、(一) 局所の挙動を全体に反映する張力の場が存在し、(二) 全体をめぐる張力の場に現れた構造を各要素が参照する、というものだった。

3　ゲルファントのアイデア

最小相互作用の原理

二〇世紀を代表する数学者のひとりであるゲルファント（Gelfand, I. M.）と、物理学者のツェトリン（Tsetlin, M. L.）は、一九五〇年代にベルンシュタインと出会い、一緒に集まって生物システムとそのはたらきの記述について話し合う定期的な研究会を開始した。ベルンシュタインから影響を受けた二人が強い関心をもって取り組んだのが、環境との接触がもたらす結果に向けて、複数の要素が融通無碍に役割を変化させつつ不可分のまとまりをなす生物の活動の組織を、いったいどのようにして記述すればよいのかという問題だった。

周囲を知りえない、無意味な信号に対する受動的な反応という単位は、それを使って動物の活動を論理的に記述することができるような「適切な言語」ではないとゲルファントたちは考えた。そして、これとはまったく正反対の単位によって生物の活動の組織をとらえる視点を彼らは提案する。

「最小相互作用の原理」とわたしたちが呼ぶ視点は、多くの自由度をもつ、階層的な調整のシステムを、それを構成する自律的な下位システムの群れとして検討するものだ。これらの下位システムのそれぞれが、「周囲の媒質」との間の「相互作用」を最小化しようとする。それぞれの下位システムの周囲の媒質とは、システム全体と、他の下位システムからなる。多くの自由度をもつ調整システム群は、このような一連の下位システムの群れを含む、複数の階層からなる（Gelfand et al., 1971, p.330）。

ゲルファントたちが生物の活動を記述する「言語」としたのは、「構造ユニット（structural unit）」と呼ばれる、それ自体が自律的にふるまう不可分なまとまりだった。構造ユニットは、（一）それがまわりの環境と接する仕方よりも多くの自由度をもち、それゆえに（二）下位システムのひとつふたつが機能しなくなった場合でも、まわりの環境と接する全体のふるまいは必ずしも影響を受けず、なおかつ（三）それが環境内で解決する問題は多様でありながらも、それぞれの問題の解決に特化されたシステムをその内部で切り分けることができない、という特徴をもつ（Gelfand, 1989）。

このような、それ自体が多くの自由度をもち自律的にふるまう不可分なまとまりを単位とし、それらが群れをなすことでさらに大きなまとまりを幾重にも形成する階層的なシステムとして、ゲルファントたちは生物システムをとらえようとしていた。

一九六六年に出版されたかれらの著作のなかでは、厳密な形式化とはほど遠いけれども、と断られた上で、環境を探り、知り、行為が具現することをひとつのプロセスとしてとらえる、いくつかの具体的な生物システムのモデルが論じられている（Gelfand et al., 1971）。

まず、多くの自由度をもつシステムがあるとする。それは、環境内で目的が達成されつつある度合い（ゴールまでの近さ）を、それが目的に向かうプロセスそのものの中で知ることができるものとする。さらに、制御できない要因がありながらも、目的達成までの近さに影響するようななんらかのパラメータ群が、このシステムのふるまいの影響下にあって、このシステムは当のパラメータ群を自律的に調整することができるものとする。このとき、この多自由度システムが目的の達成に向けて解く問題は、環境内でゴールまでの近さを最小化するパラメータ群を求める問題とよく似たものとなる。

次に、たとえば次のような場合を考えてみる。自律的にふるまう下位システムの群れからなっている多要素システムがあるとする。それぞれの下位システムは、おのおのが目的の達成に向けて近づくように環境との接触の仕方を自律的に調整する。ただしこのとき、みずからのふるまいだけではなく、他の下位システム群のふるまいもまた、目的達成までの近さに影響するものとする。

このような場合、それぞれの下位システムが目的達成に向けて環境との接触の仕方を自律的に調整することは、同時に他の下位システム群のふるまいをみずからのふるまいに反映させる結果をもたらす。もちろん、下位システム群の挙動と目的達成までの近さを結びつける法則はきわめてややこしいものかもしれない。しかし、それぞれの下位システムは、その法則についてはあらかじめ知らなくてもまったくかまわない。

こうした状況では、他の下位システムがいくつあるのか、あるいは他の下位システム群がどのようにふるまっているか、といったことを逐一知ることなしに、ある結果をもたらすように環境との接触の仕方をそれぞれの下位システムが自律的に調整することによって、システム全体のまとまったふるまいが生まれることが可能になる。

まとめると、ゲルファントたちが示した生物システムの組織の特徴は次のようなものだ。

(一) 多数の自律的な下位システムの群れからなっている。

(二) それぞれの下位システムは、他の下位システム群の挙動が反映する、環境における目的達成までの近さを知ることができる。

(三) 制御できない要因がありつつも、目的達成までの近さに影響するようななんらかのパラメータが各下位システムの挙動の影響下にあり、各下位システムは当のパラメータをそれぞれの仕方で自律的に調整することができる。

これらの前提を満たすとき、各下位システムは望ましい結果をもたらすように環境との関係をそれぞれの仕方で常に調整することになり、一方で他の下位システム群の挙動は、環境とみずからの関係の変化として現れる。そのため、下位システム群同士が直接やりとりする必要はなくなり、それぞれが周囲の環境との関係を調整することで、そのふるまいに他の下位システム群の挙動を反映させる結果になる。こうして、多数の下位システムからなる全体のシステムの自由度の大きさが、各要素が解く問題の複雑さに結びつかないような組織が生まれる。

ゲルファントたちは、右のような生物システムの組織の原理を「最小相互作用の原理」と呼んだ（Gelfand & Tsetlin, 1971）。なぜこれが「最小相互作用の原理」と呼ばれるかというと、（一）各下位システムが、他の下位システム群の挙動を反映する環境との関係を調整することによって、下位システム同士がやりとりする必要がなくなり、さらに（二）ある下位システムの挙動の変化が全体の合目的的な関係に及ぼす影響は、他の下位システム群の挙動の変化によって自律的に補正される結果となり、下位システムの挙動に対してそれが部分をなす上位のシステムが介入する必要がなくなるためである。

本書でこれから何度も登場することになる、アメリカの知覚心理学者ギブソン（Gibson, J. J.）は、「移動の媒質には当の移動をコントロールする情報がある（Gibson, 1978）」と述べ、「水の流れや風の中で流されないように漂っておくには、光学的配列の流動をなくすようにすればいい。……獲物、異性、巣等々に近づくためには、それらに対応する光の配列が拡大するように、移動に関与する筋群を動かせばいい（Gibson, 1966, pp.161–162）」と記している。環境との合目的的な関係を知らせるような、周囲の媒質に現れる情報に対して、柔軟な組み合わせが可能な（vicarious「役割を代行できる」とギブソンは表現した）一群のユニットの活動が調整されるというギブソンのアイデアは、ゲルファントたちが提案した右のモデルととてもよく似ている。

多の原理

ゲルファントは、周囲の環境と接する仕方よりも多くの自由度をもつ冗長な生物システムが、どのように組織されるのかという点について、特に「冗長性」に注目すると、次のふたつの可能性が考えられると述べた（Gelfand, 1989）。（一）機能していない部分が進化やその他の過程を通して失われる（削減の原理、principle of reduction）。（二）機能していない部分が自律的に全体の中で自分の仕事を見つける（多の原理、principle of abundance）。

たとえば、なんらかの問題の解決に向けてグループが招集されたとする。このとき、問題がある程度はっきりしていて、その解決の青写真がきちっと描けるような場合、それを軸に構成員の所轄は定められるだろう。こうした状況において、構成員を最低限の人数とし、それぞれが明確に規定された所轄を受け持つというのが（一）の原理に基づく組織である。

一方、（二）の多の原理に基づく組織では、あえて擬人化して言うと、それぞれの構成員が、「これはわたしの所轄ではありません」というのではなく、それぞれがその状況の中で、所轄も手段もおかまいなしで、全体のはたらきに向けて「できること」を見つけていく。多の原理に基づく組織からは、あらかじめまったく見えていなかったはたらきや解決が生まれることが期待できる。自分たちがどんな問題を解こうとしているのかがあらかじめはっきり見えていないような状況、たとえば、ある研究開発グループが既存のコンピュータとはまったく異なる未知の動作原理によって機能するコンピュータを開発しようとするような場合には、（二）の多の原理に基づいた組織が必要となる（Gelfand, 1989）。

また、最低限の構成員からなり、それぞれの所轄が明確な（一）の組織では、新たに解決すべき異なる問題が生じた場合、従来の課題に上乗せして新たな問題を解決する余裕はなく、また構成員のうちひとりでも倒れたり、辞めたりした場合には、元来の問題解決にも支障が生じる。それに対して、（二）の多の原理による組織は、新たな問題がふりかかってきたり、解決すべき問題そのものが変化したりする場合にも、柔軟に役割を組み替えて新たな組織が生まれる余地がある。また、構成員のひとりやふたり倒れたり辞めたりしても、このような組織は自律的に再編して機能しつづけることができる。つまり、多の原理でふるまう組織は、エラーに強く、なすべきことが複数重なったときに、柔軟に組織を変えることができる。

たとえば、わたしたちのからだは、多くの仕方で動かすことができる膨大な可能性をもっている。なすべきことに対して可能なからだの動き方が多いということは、おなじことが異なる仕方で達成できることであり、動き方がひとつに定まらないことを意味する。このことは、からだの動きのコントロールには大きな問題をもたらすものとされてきた。

しかし、ゲルファントが言うところの「多の原理」にもとづいてふるまう組織においては、システムが多くの自由度をもち、なすべきことに対して冗長な可能性をもつことは「問題」ではなく、もっぱら「恩恵」となることになる。

4 四肢麻痺の書家

ひとつひとつの部品の役割が定められている機械とは違って、わたしたち動物の行為は、おなじ機能を果たす場合であっても、使われるからだの部位や、からだの異なる部位が組み合わせられていくプロセス、あるいは環境のなかで行為が現れる経路に多様性を見せる。このような行為の性質は、「柔軟性」と呼ばれる（Gibson, E. J., 1994）。

柔軟性が顕著に現れる身近な場面としては、たとえば、羊水に満たされた胎内から地上環境へと産まれ落ち、寝返り、ハイハイから歩行へと、おなじ「移動」を達成する組織が劇的に変化していくあかちゃんの発達や、身体のある部位に損傷や麻痺を負ったときに、ある部位の組み合わせが担っていた役割を他の一群の部位の組み合わせが担うことによって、新たに環境との関係を築き上げていくリハビリテーションのプロセスなどがある。

二〇一〇年に、わたしは勤務先の大学の同僚の理学療法士を通じて、第四頸椎損傷の後遺症で四肢麻痺を抱えながら、口で筆をくわえて、書画を二五年以上に渡って制作しつづけている牧野文幸さんという画家／書家に出会った。高校在学中にけがをし、高校に復学するために口で字を書くことを覚えた牧野さんは、高校を卒業してからは絵を描きはじめ、リヒテンシュタインを本拠とする「口と足で描く芸術家協会」に所属し、同協会を通じて作品を発表している。彼は書道もよくし、口で書きながらも、書道師範教授免許状をもっている。現在四六歳の牧野さんは、一日二〜三時間、二日制作をして一日休むというペースで筆をとっている。

あたかも手をあやつるように、牧野さんは口にくわえた筆の先端で紙面に触れ、押し、こすり、やわらかい筆の先端にあらわれるみずからの動きの跡を紙の上に残していく。複雑に動く筆先と紙面の接触の展開には独特のリズムがあり、そのリズムにはやわらかい筆先とざらざらした紙面とのあいだで起こっている出来事に向けられた、独特な慎重さのようなものを見ることができる。

やわらかい筆の先端と独特の肌理をもつ紙面が接触する「際」で起こっていることを、牧野さんの動きは、いったいどのように映し出しているのだろうか。わたしは牧野さんにお願いをして、この問いについて調べるために、彼が口に筆をくわえてひとつの字（草書の「静」）を書くときのからだの動きを計測させてもらった（Nonaka, 2013）（図1-5）。

計測ではおなじ字を繰り返し（一〇回）書いてもらい、そのときの筆をくわえた牧野さんの頭部と首の動きを、複数の変数の組み合わせによってあらわしてみた。本来頸椎はきわめて柔軟に動くことができるが、ここでは煩雑な計算を避け、頭部が頸部に対してなす三つの角度（オイラー角）と、頸部が胸郭に対してなす三つの角度という、合計六つの変数によって牧野さんの動きを記述することにした。さらに、「静」という字を書くときに筆が通る地点を23点に分けて（図1-5c）、23のそれぞれの点を通過する時点において、これらの六つの角度の組みあわせがどのようになっているかを調べてみた（図1-5b）。

さらに、字を書くそれぞれの局面において、コントロールされている可能性がある環境と

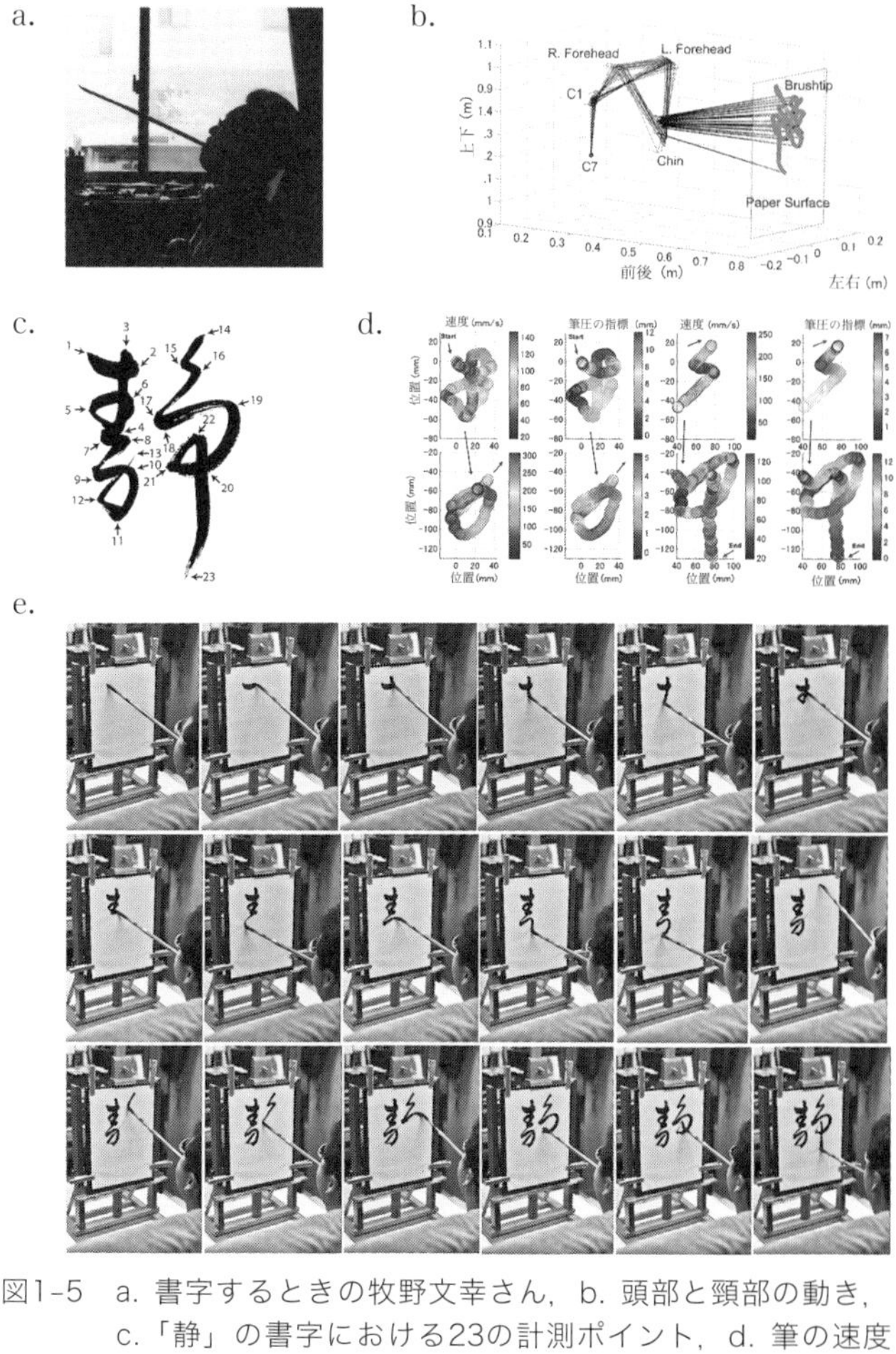

図1-5　a. 書字するときの牧野文幸さん，b. 頭部と頸部の動き，c.「静」の書字における23の計測ポイント，d. 筆の速度（左）と筆圧（右）（黒いほど高値），e.「静」と書く牧野さん（Nonaka, 2013より）

の関係の候補として、（一）筆先を紙面に押しつける力、（二）紙面に対して筆管がなす角度、（三）前額面（前から見た面）において重力方向に対して頭部がなす角度、という三つの関係を仮説として立てた。（一）については、そのまま計測できないので、「仮に筆の先端が剛体だったとしたら、それは紙面の下のどのくらいの深さまで沈むか」という値を筆管の運動データから算出した。

これらの三つの「なされるべき関係」はそれぞれ、頭と首の動きをあらわす六つの角度のさまざまな組み合わせによって冗長に達成することができる。23のそれぞれの時点において、右の六つの角度を状態変数とする六次元の状態空間上の点として牧野さんの運動をあらわしてみる。すると、書字のある局面における、紙面と筆がなす関係に影響を及ぼさないような六つの角度の組み合わせは、状態空間上の連続的な一群の点からなる滑らかな多様体をなす。この多様体は、その上にありさえすればどのように動いても紙面と筆のあいだの関係は保たれ、コントロールされる必要がないことから、コントロールされない多様体（uncontrolled manifold）、略してUCMと呼ばれる（Schöner, 1995）。

仮に六つの運動変数群の平均値まわりの変化量とそれにともなう「なされるべき関係」の変化量を近似的に線形の関係でむすびつけて、線形変換の一群の係数からなる行列（ヤコビ行列という）をJとしてみる。このとき、Jx=0という方程式の解xの全体（行列Jの零空間という）は、「なされるべき関係」の変化量がゼロになるような六つの運動変数群のあらゆる変動の仕方（ＵＣＭ）を線形で近似したものとして見なすことができる。このとき、線形近似されたＵＣＭに沿って動きがばらついたとしても、「なされるべき関係」はほぼ変わらずに保たれる。しかし、ＵＣＭと直交するベクトルに沿って動きがばらつくと、今度は「なされるべき関係」が揺るがされることになる。

もし仮に牧野さんがおなじ字を何度も書くときのからだの動き方に「原型」のようなものがある場合、23のそれぞれの局面における六つの変数の試行間のばらつきは、六次元の状態空間上のある「理想の型」を反映する点のまわりに無方向に分布するノイズのような構造を呈することが予想される。このとき、仮説として立てた三つの「なされるべき関係」を不変に保つようなばらつきの量と、それを揺るがすようなばらつきの量の間には、差が生じないだろう。

これとは対照的に、もし仮に牧野さんが調整しているのが「運動のかたち」そのものではなくて、書字の各局面に応じた筆圧や筆の角度、頭部の正立といった、なんらかの環境に対してなされるべき関係である場合、六つの運動変数の試行間の変動は無方向なノイズのようなかたちではなく、そのときどきに要求される一群の環境との関係を安定化させるかたちで、互いの変動を相殺しあうような構造を示すことが予想される。このとき、書字の各局面において、「なされるべき関係」を不変に保つ運動変数群のばらつきの量の方は、「なされるべき関係」を揺るがす運動変数群のばらつきの量よりも大きくなるはずだ。

実際の検討の結果、おなじ字を何度も書く牧野さんのからだの動きそのものは毎回異なっていた。しかし、そのばらつきには、筆圧、筆の角度、頭部の正立といった環境との関係に影響を与えない試行間のばらつきの量の方が、これらの関係を揺るがす運動変数群のばらつきの量よりも大きくなるような、独特の構造が見られた（図1-6）。このことは、繰り返して同一の文字を書く牧野さんの頭と首の運動は毎回変わるけれども、その変化は、筆圧や筆の角度、紙面を見る頭部の姿勢といった環境を組み込んだ環境―からだシステムの安定性には影響を与えていないことを示す。

さらに念のため、このようなばらつきの構造が、運動変数群が互いの変動を相殺しあう補償的な結びつきにほんとうに由来するものかどうか、別の切り口からも確かめることにした。たとえば、あるひとつの「なされるべき関係」に対して、六つの運動変数群のうちのひとつだけが突出して大きく貢献していたとする。このような場合、当の「なされるべき関係」を安定させる変動の構造は、六つの運動変数群の共変関係に由来するのではなく、ひとつの運動変数の制御に由来するという異なる解釈がなりたつ。この可能性を検証するために、六つの運動変数群の一〇試行分のデータをさまざまに組み替えて、可能なすべての組み

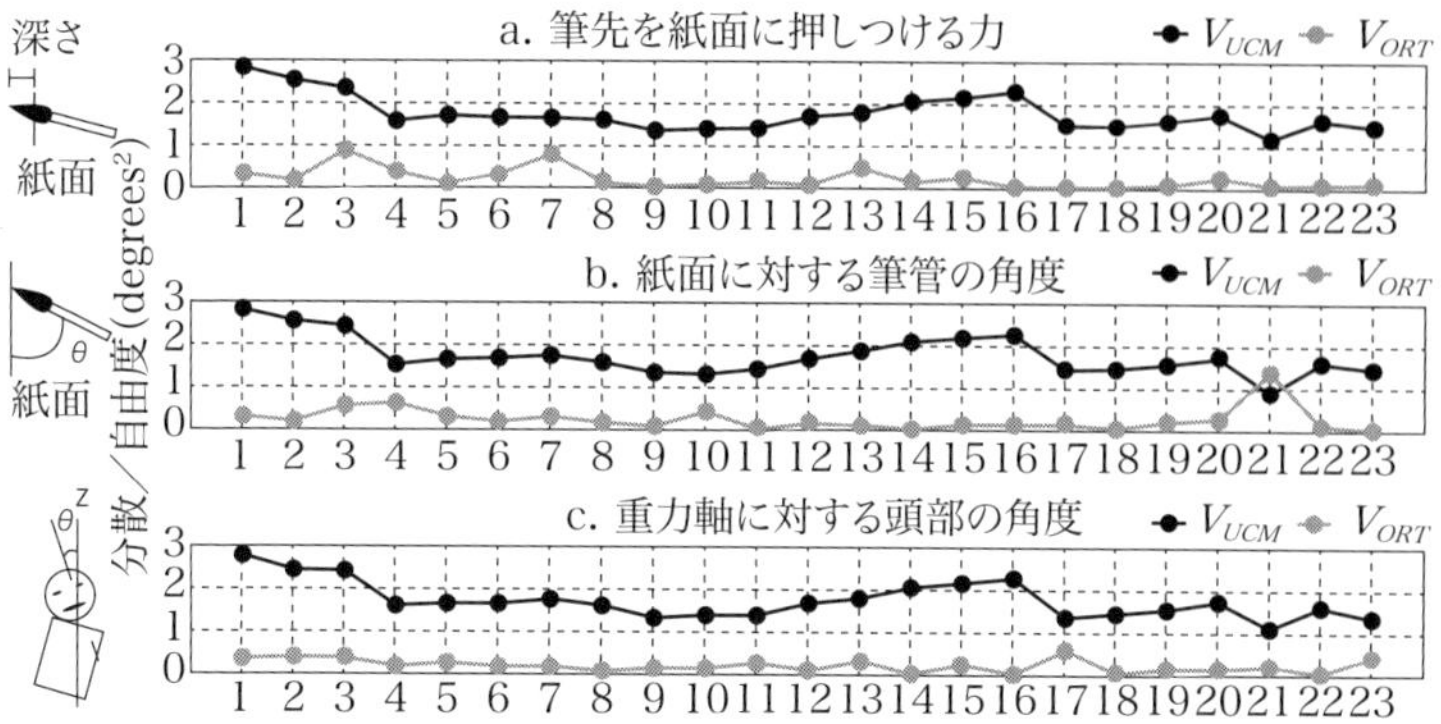

図1-6　a. 筆先を紙面に押しつける力，b. 紙面に対する筆管の角度，c. 前額面における重力軸に対する頭部の角度のそれぞれを保つからだの動きの変動量（V_{UCM}）とこれらの関係を揺るがす変動量（V_{ORT}）（Nonaka, 2013より）

合わせからなる一〇の六乗（10^6）試行分のサロゲート（疑似）データを作った。サロゲートデータにおいては、六つの変数それぞれの試行間の平均値や分散は元のデータとまったくかわらず、ただ六つの変数のあいだの共変関係だけが破壊されている。

六つの運動変数のあいだの共変関係が破壊されたサロゲートデータに対して右とまったくおなじ解析をおこなうと、運動変数群の間の共変関係に由来「しない」ばらつきの二つの成分を算出できる。これとオリジナルの計測データについて算出した指標と照らしあわせることで、紙面と筆、あるいは頭部と環境とのあいだの関係形成に貢献する動きのうち、六つの運動変数のあいだの「共変関係」が寄与している分だけを分離して抜き出すことが可能になる（方法の詳細はNonaka, 2013参照)。

実際にオリジナルの計測データとサロゲートデータのあいだでばらつきの構造を照らしあわせてみたところ、「なされるべき関係」をむすぶことに向けて、六つの運動変数群のばらつきのあいだに、互いのゆらぎを相殺するような補償的な結びつきがあったことを示すたしかな証拠が得られた。牧野さんの動きのばらつきは、「一定の型」に添加されたノイズのようなものではなかった。それは、書字の各局面において、紙面に対する筆の接し方、また環境と頭部との間のいくつかの独特な関係を維持するような、独特の構造をともなうものだった。複数の関節角度群のばらつきのあいだに、このような補償的な結びつきが見られたという事実は、牧野さんのふるまいが「運動の処方」におさまるものではなく、環境との独特な関係の形成プロセスそのものであることをほのめかしている。

ただしこの結果は、紙面に対する筆圧、筆の角度、重力軸に対する頭部の正立という三つの関係だけが、牧野さんの書字においてコントロールされていたということを意味するものでは決してない。また、これらのひとつひとつをとってみても、それぞれが独立しているというわけでは決してなく、すべてがからみあうことで、筆先と紙が触れて痕跡をのこすという高次のできごとに参加する不可分な組織をなしていることは言うまでもない。

また、これらの三つの関係が保たれるような運動協調が「常に」生じていたわけでもない。たとえば局面21では、紙面に対して筆管がなす角度を不安定化させる変動が増大しており（図1-6b、灰色線）、協調に「破れ」が生じている。図1-5dを見ると、この直前にぐっと紙に対して筆の先端が押しつけられており、同時に筆の先端の向きが重力と反対方向に急激に変化している。正確な理由はわからないが、これらの状況に直面して、紙面に対する筆管の角度を安定させる協調は一時的に失われている。あるいはもしかすると、ここで調べた三つの関係以外の、なんらかの環境との関係を安定化させるような別の動きの組織が、代わってこの局面で形成されていた可能性もある。

いずれにせよ、右の結果は、牧野さんが字を書くときには「からだの動き」そのものが制御されているのではなくて、むしろ「環境との独特の関係」をむすぶかたちで、からだの動きが変動しているということを示すものだった。

それぞれの局面に応じて、やわらかい筆先を紙の表面に対して独特の仕方で押しつけ、独特の角度をつくることに向けて、からだの動きの配列は並べ換えられていた。それにくわえて、頭を動かして筆先と紙との接触をコントロールするなか、視界を安定させるようなからだの動きの組織が、牧野さんのからだには生まれていた。

では、字を書く牧野さんが、環境とのあいだで独特の関係をむすび、それを展開させることを、いったい何が可能にしていたのだろうか。牧野さんのからだの動きの配列は、環境内で「なされるべきこと」とみずからの進行中のふるまいとのあいだの関係を、あたかも「知っている」かのように見える。もちろんこれは、先に見たゲルファントのアイデアにおいて、「前提」とされていたことでもある。

環境において「何がなされるべきか」をわたしたちが知り、また、みずからのふるまいが環境とどのように接触しているかを知ることを可能にする資源は、いったい何なのだろうか。この問いについて、これから見ていきたい。

II章　テンセグリティ——媒質としてのからだ

道具やからだの先端と環境が接触する「際」で起こることに向けて、全身が呼応するようなわたしたち動物のふるまいの組織は、いったい何が可能にしているのだろうか。この問いについて、さまざまな規模で生物のからだに見られる「テンセグリティ」と呼ばれる設計原理から考える。

わたしたち動物は、周囲の環境との関係を探り、その接触の仕方をいつも気にしている。近寄ったり、離れたり、舵をとったり、一定の距離を保ったり、腰掛けたり、コーヒーの入ったカップを手にしたり、食べ物を口に運んだり、握手をしたり、ドアから出たり入ったり、隠れたところを見ようと移動したりすることを、わたしたちは日々繰り返している。

このとき、実際に環境との接触を探るのは、しばしばわたしたちの手足の先端の一部であったり、手にした道具であったり、目や耳だったりする。しかし、その調整には常に全身が参加している。たとえば、わたしたちが駅のホームで時刻表のこまかい数字を眺めるとき、いくらじぶんでは気がつかなくても、視界を安定させるように全身の動きの配列は組織されて、全身が「こまかい数字を見ること」に貢献する (Stoffregen et al., 1999)。あるいはもっとミクロなレベルに目を向けると、わたしたち動物のからだの中の一群の細胞は、それらがおかれた組織、器官、全身、さらには重力などの外界の環境に応じて、それぞれが役割を調整するとともに、オーケストラのように全体としてたくみに結集することで、一丸となって機能している。

本章で問題としたいのは、からだや道具が環境と接する「際」で起こることを全身が知り、それに導かれて全身の配列が並べ換えられることを可能にするような設計原理である。

1　フラーのアイデア

押したり引いたりすることを、みずからをとりまく「全方位」の経験として考えてみる。たとえば、手に綱をもって、両端から引っ張って伸ばしてみる。すると、ぴんと引っ張られるにつれて、綱の直径は収縮していき、綱は硬くなっていく。あるいは、水がいっぱい詰まったやわらかいゴムでできた筒にしっかりとふたをして、両端から中央に向かって押しつぶしていくと、筒の真ん中のあたりで、断面が外側に向かって膨張しようとする。

わたしたちが気にとめていなくても、現実には「押すこと」や「引くこと」は、近づけたり離したりといった一次元の軸の上での出来事ではなくて、そこには相補的な反作用が常にどこかに共存している (Fuller, 1975)。

建築家、思想家として知られるフラー (Fuller, R. B.) は右の例を挙げて、あらゆる方向を視野に入れると、実在する構造の背後には、ある共通のダイナミックな原理があると指摘した。

押すことと引くこと、ばらけようとすることとまとまろうとすることの、全方向における つりあい。それこそが構造の本質を特徴づける（Fuller, 1979, p.166）。

構造と呼ばれるあらゆるものは協同的な結合によっていて、中心から外側に向けて放射状に発散していく圧縮力と、外側から中心に向けて放射状に収束していく引っ張りの力の、相互作用の結果として存在する（Fuller, 1979, p.172）。

「構造」とは、フラーにとって「自律して安定するエネルギー事象の複合体（Fuller, 1975, p.314）」である。たとえば八つの結節点を十二本の棒でつないだ抽象的な立方体は、それだけでは安定してかたちを保つことができないために、「構造」ではなく、実在しない概念にすぎない（図2-1）。実在する「構造」は、必然的に全方向において安定していなければならない。あらゆる「構造」は、何らかのスケールにおいて、全方向に押し出していく圧縮力と、全方向から引っ張りこむ張力のつりあいのもとにあるはずだとフラーは考えた。

ただし「押すこと」と「引くこと」はもちろん、鏡に映ったお互いのコピーのような関係にはない。両者はそれぞれ異なる作用をしながらも、相補的に変化し、つりあいをとっている関係にある。

引っ張りの力は、押し出す圧縮力とは異なる機会や制約をもたらす。たとえば鋼鉄の柱は直径の四〇倍の高さになると、自重がもたらす圧縮力に耐えられずにバナナのように曲がってしまう（Brenneman, 1984）。一方、引っ張りの力には、構造の部材をまっすぐに伸ばす傾向がある。洗濯物を干すロープを引っ張ると、ピンと張って結節点が最短距離で結ばれるように、引っ張りの力は常に結節点の間をジオデシックな（最大効率の、最短距離の）関係で結ぶように構成要素を並べ換える。

また、外に放射していく圧縮力は、その末端部が開いているのに対して、引っ張りの力は、常に閉じたシステムをつくる。そしてたとえば、二点を結ぶ洗濯ロープの一部だけが張ったりゆるんだりすることができないように、引っ張り材で結ばれた閉じたシステムにおいては張力の不連続な断絶

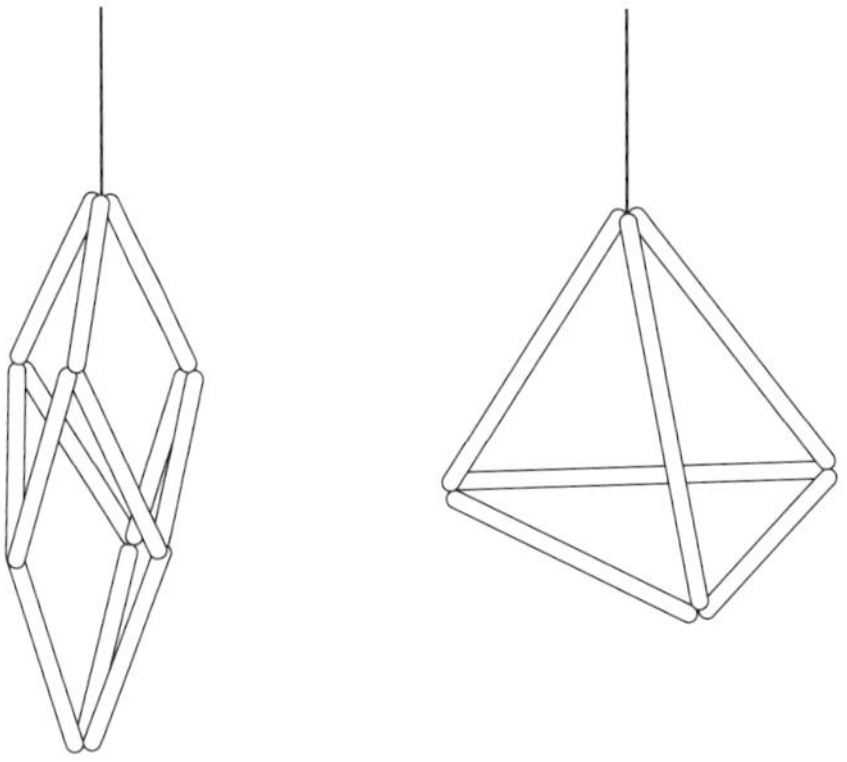

図2-1　棒をつないだ正四面体（右）と立方体（左）の結節点のひとつを引っ張ると，正四面体のかたちは保たれるが，立方体のかたちはひしゃげてしまう。

は生じず、局所的な張力の差異は常に全体に広がる。そこには閉じたシステム内での張力の連続性が存在する。

きみたちはみんな、ブロックの上にブロックを積んで建物を建てるという考えに慣れている。……しかし自然を見ていると、自然はこんな設計原理を用いていないことがわかったんだ。……そこで私は自問した。「どうやって自然は現実にことを成しているのか？」……私にわかったことは、自然はものをその場に支え保つために「引っ張りの力」を——引力といってもいい——使っているということだった。自然は圧縮材の島をもつ——地球や、原子のような。そしてこの圧縮材の島々が、目には見えない、しかし連続的な引っ張りの力によって支えられている（Brenneman, 1984　芹沢・高岸訳）。

人工物の設計においてはしばしば、硬い材の上に硬い材を積み重ねて、圧縮力を連続させる方法がとられる。しかしたとえば、引力の中で惑星が軌道をつくる太陽系や、筋肉や腱などの張力材に硬い骨が埋め込まれた身体においては、硬い材どうしは固着していない。人工物とは対照的に、連続した引っ張りの力の閉じたネットワークによって、圧縮力に抵抗する硬い島をむすぶような、張力の連続を基礎とする設計原理が用いられている。

閉じたシステム全体をめぐる連続した張力のネットワークに不連続な圧縮材が埋め込まれることで、全体のかたちを保つ設計原理のことを、フラーは「テンセグリティ」と名づけた(Fuller, 1975)。「テンセグリティ」という言葉は、「張力による（tensional）統合（integrity）」を縮めた造語である。テンセグリティにおいては、引っ張りの力に包まれることで全体のまとまりが保たれる一方で、圧縮力は島のように局所的に作用する。

一九五三年、フラーはプリンストン大学で直径十二メートルのテンセグリティのモデルを制作した（Fuller, 1992）。このモデルでは、九十本のアルミニウムのパイプが軟らかいステンレスのワイヤーで結ばれていて、パイプどうしはまったく接していない（図2-2）。パイプの両端に生じたすき間は、張力のかかったワイヤーが織りなす閉じたネットワークによって結ばれ、全体がまとめられている。このモデルでは、ある部分の張力材がゆるむと、その区間だけではなくて、全体がゆるむ。張力ネットワークのうち一区間だけを締めると、全体が等しくピンと張り、どの区間のワイヤーをはじいても、さっきよりも少し高い音程で鳴る。張力のネットワークのひとつが切り離されたり、圧縮柱が一本折れたりしても、システム全体がつぶれるのではなくて、ちょうど少し空気が抜けたボールが軟らかくなるように、少しゆるんだ状態になる。

テンセグリティには、次に挙げるような一群の独特な特徴が見られる（Ingber & Lan-

(Photo by H. Schrader)

図2-2　プリンストン大学でフラーたちが90本のアルミニウム管とステンレス鋼ワイヤーで作った直径12メートルのテンセグリティモデル（https://blogs.princeton.edu/paw/files/2014/10/fuller_globe.jpg）〔出所　*Princeton Alumni Weekly*, 2014, October 9〕

dau, 2012)。

一．連続する張力、不連続な圧縮力
硬い圧縮材どうしは固着しておらず、引っ張り材を介して閉じたシステム全体を連続的にめぐる張力が、不連続な硬い材を引っ張ってまとめている。

二．安定性
構造が安定している。引っ張りの力と圧縮力が常につりあいを保っている。

三．プレストレス（初期応力）の存在
外力が加わっていない状態で、すでに応力がかかっている。テンセグリティを構成する引っ張り材は、静止状態ですでに引っ張られている状態にあるため、たるみがなく、変化に即応する。圧縮材もまた、最初から押しつぶされた状態にある。

四．部分が全体に反映する
連続する張力が全体をめぐっており、たるみがないため、テンセグリティのどこか一部に力が加わると、全体に伝播する。部分が「感じた」ことを、即座に全体が「感じる」。

五．変形からの回復

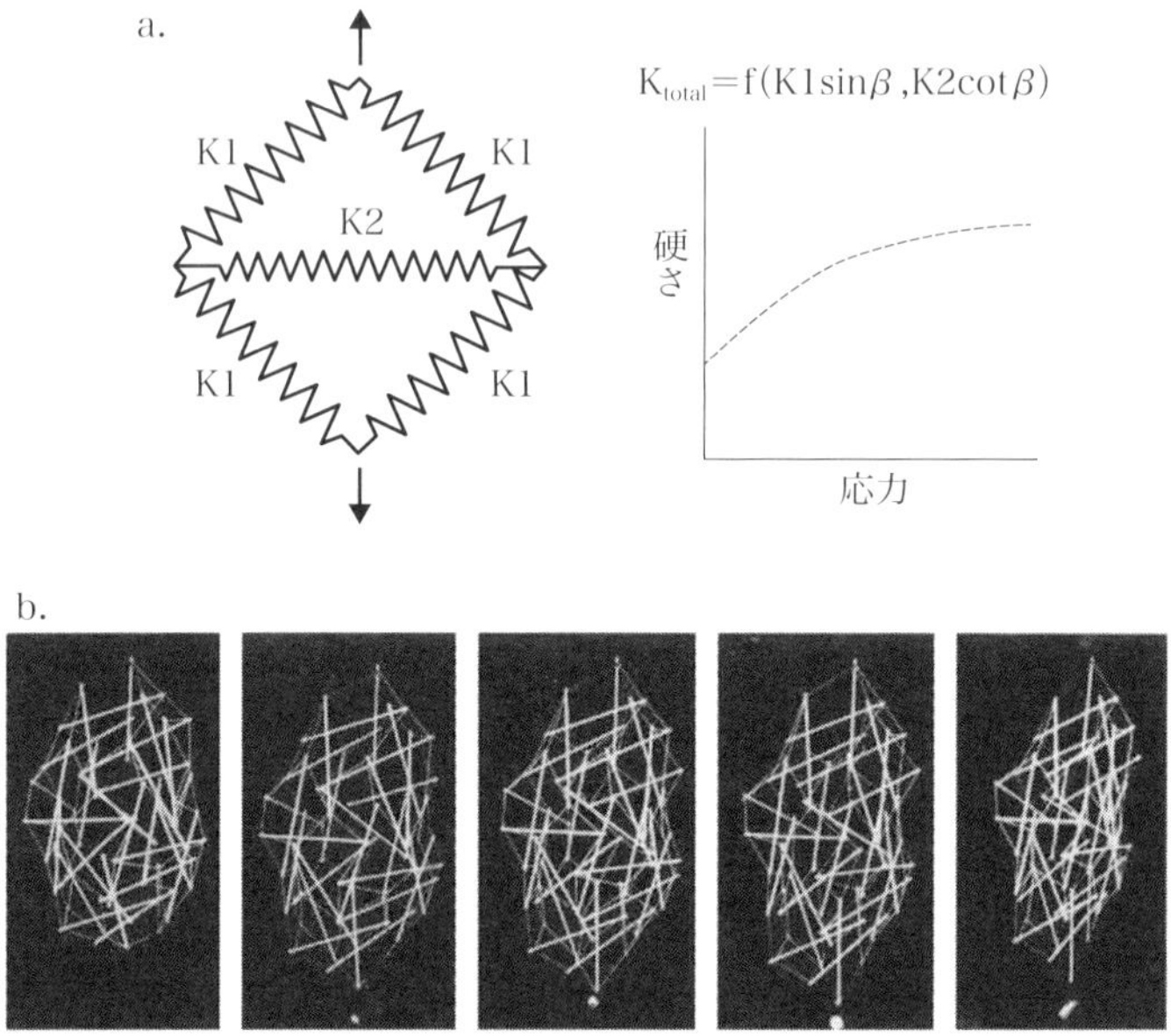

図2-3　a. 矢印の方向に引っ張ると，K2のバネが圧縮され，引っ張られた軸に沿っておのずとK1のバネの配列が変わり，応力が加わる軸方向に構造はどんどん硬くなる。b. 細胞のテンセグリティ模型。右側の写真ほど，より強い張力が下方に加えられている。引っ張られる方向に沿って部材の配列が並べ換えられることで，細胞模型は引っ張られるほど硬くなる（Chen & Ingber, 1999より）

外力が加わると、局所が曲がったり壊れたりするのではなく、外力の大きさや向きに応じて、全体を構成する部材が柔軟に並べ換えられる。そのため外力が加わっても壊れずに変形し、力が加わらなくなると元通りに回復する。

六．全方向における三角形化

引っ張る力は、おのずとジオデシックな（最短距離を結ぶような、最大効率の）仕方で構成要素を絶えず並べ換えるため、テンセグリティは全方向において結節点を安定化する三角形化を基礎とする立体構造をなす。

七．ひずみ硬化

加わる応力が増し、変形が進むにつれて、テンセグリティはどんどん硬くなっていく。その理由は、引っ張られると、引っ張られた方向に沿ってより多くの部材が連なるかたちで、部材の配列がおのずと並べ換えられるためである（図2-3）。最初から硬いままで、荷重を加え続けると壊れる鉄やコンクリートとは対照をなす。

八．モジュール性

ひとつのテンセグリティが、別のテンセグリティと組み合わさることによって、より大きなテンセグリティシステムを形成することができる。張力によって全体を統合するシステムでは、一部のユニットが機能しなくなっても、システム全体のまとまりは損なわれない。

九．階層性

テンセグリティを構成する引っ張り材、または圧縮材を、それぞれ小さなテンセグリティにし、その引っ張り材、圧縮材をさらに小さなテンセグリティに、というかたちで、入れ子になった階層的なテンセグリティシステムをつくることができる。このとき、上位のテンセグリティシステムと下位のテンセグリティシステムは、張力によって結びつけられ、統合されているため、外力その他の変化に応じて協調して応答できる。

十．軽さ

硬い圧縮材どうしを組み合わせてつくるよりも、引っ張りの力を安定化に用いることによって、テンセグリティははるかに少ない材料で軽量な安定構造を得ることができる。また、テンセグリティを構成する圧縮材と引っ張り材をさらにそれぞれ小さなテンセグリティにする入れ子化によって、どんどん構造は軽量化され得る。生体組織は入れ子になったテンセグリティシステムの特徴を備えている。

2　細胞のテンセグリティ

一九七〇年代なかば、アメリカのイエール大学の学部生だったイングバー（Ingber, D.E.）は「立体デザイン」という授業で、バラバラな六本の木の棒の両端がゴムバンドで結ばれたボールのような奇妙な彫刻と出会った（Ingber & Laudau, 2012）。テンセグリティと呼ばれるその構造は、上から押さえるとペシャンコになり、手を離すと元のかたちに戻ってポンっと跳ねた。

イングバーはびっくりした。というのも、ほんの数日前、細胞生物学の実験で、これとそっくりなものを目の当たりにしたばかりだったからだ。実験では、培養された細胞が硬いペトリ皿の底にへばりついて、つぶれて平たくなっていた。しかし、酵素を使って皿の底に付着した接着部を溶解すると、細胞は丸いかたちを取り戻し、皿からポンっと弾むかのように離れた。立体デザインの授業が終わるころには、細胞はテンセグリティだ、というアイデアがイングバーの頭から離れなくなっていた（Ingber & Landau, 2012）。

かつて、細胞はおもに生化学的な見地からとらえられ、その構造は粘液を膜が包んだシャボン玉のようなものと見なされていた。しかしその後、細胞の細胞質には「細胞骨格」と呼ばれる微小管、アクチンフィラメント、中間径フィラメントという太さや硬さの異なるタンパク線維群から成る三次元の網目構造があり、細胞の立体的構造を力学的に支える骨組みとして機能していることがわかってきた。しかし、これらの細胞骨格がどのように相互作用し、全体としてはたらくのか、その仕組みはよくわかっていなかった。また、細胞骨格が大がかりな化学変化なしに力を発生したり、運動を起こしたりすることも、そのはたらきを理解することを困難なものにしていた。

たとえば、細胞は、みずからが置かれた周囲の力学的環境に応じて、そのふるまいをさまざまに変化させる。細胞は硬い培地の上では、扁平なかたちを呈して硬くなるが、やわらかい培地の上では細胞は丸まり、足場となっている培地を持ち上げてしわをつくる。だが、このようなふるまいがいかにして起こるのかは、かつてはよくわかっていなかった。

イングバーは、(一)細胞がちょうど地面にテントをつなぎ留めるように、細胞のまわりを包囲する基質(細胞外マトリクスと呼ばれる)に細胞骨格をつなぎ留めていて、(二)テンセグリティのように静止状態ですでに張力のかかった細胞骨格のネットワークによって、細胞のかたちがコントロールされている、という仮説を立てた(Ingber, 1998)。

イングバーは六本の棒をゴムひもでむすび、細胞のテンセグリティ模型をつくってみた。

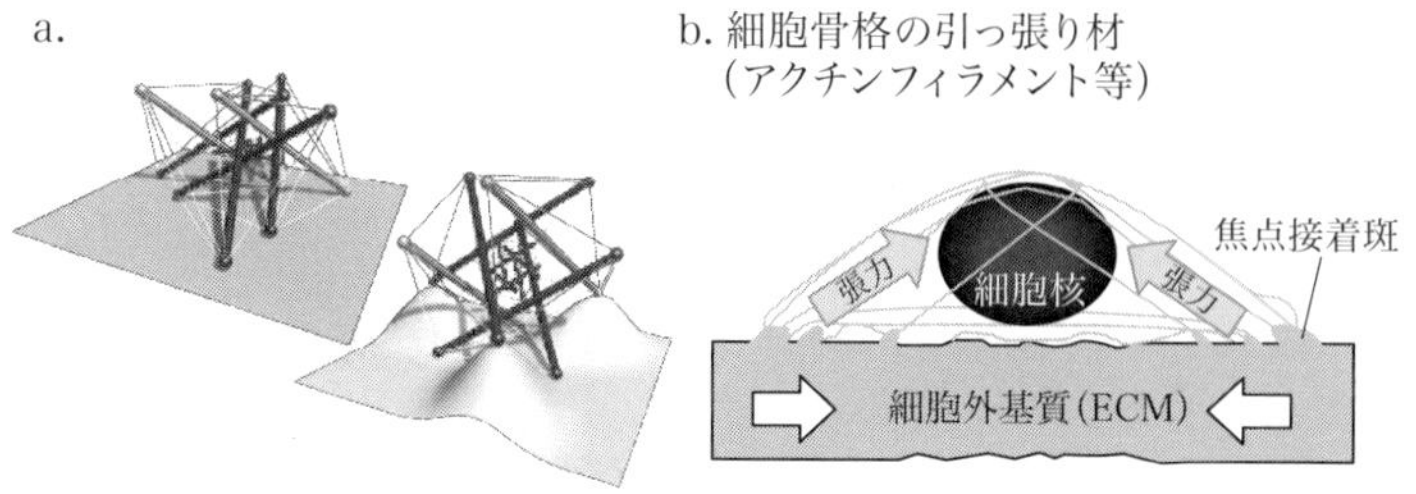

図2-4　a. 細胞のテンセグリティ模型。硬い培地の上では引き伸ばされて扁平になり，やわらかい培地の上では培地を持ち上げながら丸くなる。張力材によってむすばれた内部の核も，培地の硬さに応じた全体の変形に同期して変形する（Ingber, 1998より），b. 細胞外基質に焦点接着斑で接地する細胞骨格の引っ張り材（長山・松本，2003より）

硬い板の上に、テンセグリティ模型の張力材と圧縮材が出会う結節点のいくつかをつなぎ留めてみると、模型の全体は引き伸ばされて扁平になり、硬くなった。やわらかいシートの上に置くと、今度はやわらかいままでテンセグリティ模型は丸まり、足場となっているシートを持ち上げてしわをつくった。テンセグリティ模型は、細胞で観察された現象とまったくおなじふるまいを目の前で再現して見せた（図2-4a）。

さらに細胞のように内部に核をつくるため、イングバーは内側にもうひとつのテンセグリティをつくって、外殻のテンセグリティと張力材によってむすんでみた（Ingber, 1998）。すると、硬い足場にくっつけたり、引っ張ったりして周囲の力学的環境が変化すると、外殻のテンセグリティがつぶされたり、伸ばされたりして変形するのと同期して、張力のネットワークでつながっている内部の核もおなじように変形することが確認された。また、力が加わったりすると、模型全体で一番強く張力がかかっているライン上に内部の核が移動するかたちで、張力によってテンセグリティ模型の構成要素が並べ換えられることが観察された（図2-4a）。

右のふるまいはいずれも、生きた細胞においても見られる。生体内の細胞は、細胞外マトリクスに「面」で接着するのではなくて、いくつかの「点」でテントのようにつなぎ留められている。この「点」は細胞膜の上にあるタンパク質の複合体で、焦点接着斑と呼ばれる。焦点接着斑は細胞膜の外側では細胞外マトリクスに、細胞膜の内側では細胞骨格を構成する張力材のアクチンフィラメントによって引っ張られている。さらにアクチンフィラメントは、細胞内の核膜に連結していて、核を引っ張っている（図2-4b）。おなじく細胞骨格を構成する微小管は、圧縮材として、すでにかかっている応力に抵抗してつりあいを保っている。

細胞骨格はテンセグリティ構造をなしている。そしてさらに、このようなテンセグリティ構造が見られるのは、細胞骨格だけにとどまらない。細胞骨格がつなぎ留められている細胞外マトリクスは、やはり細胞と細胞の間で張力を伝えるネットワークを形成していて、異なるスケールにおいて、生体組織のテンセグリティ構造を構成する要素となっている。より小さなスケールでは、細胞の中にある、遺伝子を格納する核もテンセグリティ構造をもつことがわかっている。連続的な張力のネットワークがむすぶ階層的なテンセグリティシステムにおいては、さまざまなスケールでからだが接触する力学的環境について、からだの接点だけではなく、そのはるか深くにある細胞の核もまた「知る」ことになる。

また、何もしないでも、すでに応力がかかっているテンセグリティ構造では、たるみがないために、張力のネットワークを介した情報の伝達には遅れがない。そのため、組織や器官が引っ張られて変形すると、細胞から核にいたるまで、多重スケールで同時に変形が起こる。加えて、引っ張りの力がかかる方向と強さに応じて、さまざまな階層において、テンセグリティを構成する要素の配列は絶えず並べ換えられていく。

実際、骨や靭帯にかかる力、筋肉や皮膚にかかる張力、血流が血管にかける圧力や、身体外部の重力の変化などが、ひとつひとつの細胞の力学的環境の変化をもたらし、さらにそれぞれの細胞の核に伝わることで、遺伝子の発現といった生化学的反応に直結することが近年明らかにされている。このように細胞が力学環境の変化を感知し、直に生化学的応答をもたらすプロセスは「メカノトランスダクション」と呼ばれる（Ingber, 2006）。

細胞がまわりにあるものの硬さや混みぐあい、引っ張られる向きと強さに応じて成長したり、分化したりするふるまいの形成には、（一）太さと性質の異なる線維群（アクチンフィラメント、微小管、中間径フィラメント）が織りなす細胞骨格の独特な立体配列構造と、

（二）これらの線維に常にかかっている応力（プレストレス）が関係している（Mammoto et al., 2013）。さらに、細胞骨格の立体配列構造やプレストレスには、（三）細胞のまわりにある細胞外マトリクスと細胞骨格とのあいだの接着点（焦点接着斑）を介した張力のやりとりが関与している。

イングバーはテンセグリティのアイデアをもとに、異なる物性をもつ要素が織りなす立体的な配列構造に注目した。その視点は、細胞の複雑なふるまいの形成を統合された階層的システムとしてとらえる、新しい全体論的な理解をもたらすことになった。

3　テンセグリティと触力覚

触力覚の問題

からだの組織が押されたり、引っ張られたり、揺れたり、なんらかの力学的な影響をこうむるときに、それを生じさせたものがなにかを知ることを、広く触力覚（ハプティック知覚）と呼ぶ。わたしたちは触力覚によって、からだに接続したもの、からだに隣接するもの、あるいはからだそのものについて知る。触力覚には、皮膚の表面付近に存在する触、圧、温度受容器だけでなく、より深部にある筋肉、腱、筋膜や、関節の靱帯などの固有受容器がかかわっている。たとえば道具を使うときなどには、からだの組織のマクロな振動や変形を通して、わたしたちは手にもっている道具やその先端が触れる環境について、さまざまなことを知ることができる。

触力覚については、いくつか注目すべき点がある。ひとつは、「動く」器官と「感覚する」器官が同一だということである。たとえば手は、環境にあるいろいろなものを探る感覚器官であると同時に、環境にはたらきかける運動器官でもある。なにかを触って知ろうとするとき、しばしばわたしたちはからだを動かして探索する。カレーを作っているときに鍋の底の焦げ具合をヘラで探る場面などを想像してみてほしい。探られる対象に応じてわたしたちの「動き方」は調整されるとともに、動くことは「知ること」に寄与する。

このような「入力」と「出力」といった分け方があてはまらない知覚を、一群の感覚受容器のモザイクの興奮を起点とする、刺激入力「以降」のプロセスとして考えることは適切なのだろうか。あるいはそれが不適切であるならば、「探られている対象」について知らせてくれるものとして、他に何があるのだろうか。

もうひとつ注目すべき点は、触力覚においても、視覚などの他の知覚システムと同様に「感覚が生じているところ」と、「知られるところ」が一致しないということである。触覚というと、あたかも触れられる対象とからだが直接ふれあって感覚が生じているかのように考えがちである。しかし、道具を手にしたときなどには、実際に手が接している領域よりも道具が大きくても、道具が手の先に伸びていることは感触としてわかる。木を切るきこりは、手と斧の柄のあいだで生じている摩擦よりも、斧の先端が木に対していかに食い込むかを感じとる。知覚心理学者ギブソンは、「ねじまわしやペンチ、釣竿やテニスラケットに起こる接触をコントロールする原理は、おそらく触角や角、爪の先端の接触をコントロールする動物の能力と変わりはないだろう。……からだと環境との境界は、頭の禿げ上がった哲学教授が考えるようにはつるっと分けることはできないのだ（Gibson, 1966, pp.100–101）」と述べた。ひどい言い方だとは思うけれども、たしかにギブソンの言う通り、わたしたちはつるっと受容器に覆われているわけではない。毛や爪などが付着した皮膚もでこぼこしていて、たとえ神経のない爪でなにかをひっかいても、爪の根本ではなくて、爪と対象とのひっかかりに注意が向く。

さらに言えば、ほんとうのところ、事態はもっとややこしい。たとえば杖をもって、杖の先端で路面や小石に触れてみる。わたしたちは、杖の先端が触れている小石に対して感受性をもつばかりではなく、杖そのものの長さもまた、独立して知覚することができる。あるいは、杖のどのあたりを手にしているかといったことも、杖の長さなどとは別のこととして、分けて知覚することができる。ではいったい、道具を操るみずからの動きや、環境の対象との接触がからだにもたらす複雑微妙な力の相互関係は、どうやって手に接続されたものや、手や道具が接触する環境の対象、あるいはそれらの接触の仕方についての「気づき」を生むことができるのだろうか。

部位に依存しない触覚

ターヴィー（Turvey, M. T.）とその同僚たちは、一連の実験を通して、人が道具などを手にするとき、手にした道具の先端の位置や幅、大まかなかたち、あるいは道具のどのあたりを自分がもっているかといったことが、目で見なくても、あいまいさなく知覚されることをデータで示した（Turvey & Carello, 2011）（図2-5 a）。もちろん、道具を手にして動かすとき、動かす回転軸まわりにかかる力（トルク）は、動かし方によって無数に変化し得る。しかし同時に、みずからの動きがもたらす無数の変化を背景として、浮かび上がってくる不変量も存在する。ターヴィーたちは、わたしたちが手にする道具の長さや幅の知覚が、道具が動かされる軸まわりの回転に対する抵抗（慣性モーメント）ときれいに対応することを、複数の実験で示した。

シウヴァ（Silva, P. L.）とターヴィーたちは、脳卒中の後遺症で右半身に運動麻痺をもつ

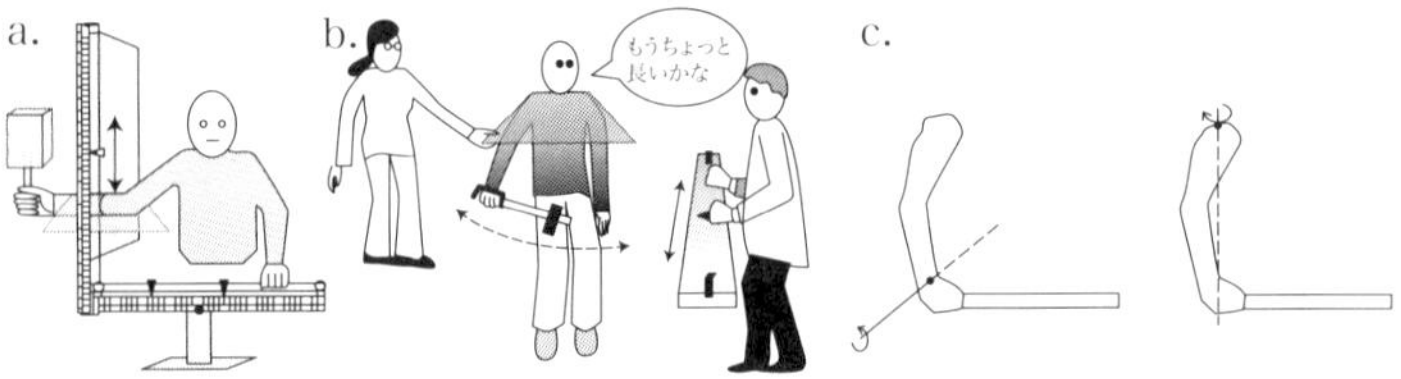

図2-5　a. 手にした道具の長さや幅を判定する実験（Turvey & Carello, 2011より）〔出所　Philosophical Transactions of the Royal Society B: Biological Science, 366 (1581), Fig1〕, b. 麻痺をもつ手に接続した棒の長さを判定する実験, c. 手首まわり（左）と肩まわり（右）の棒の慣性モーメント（Silva et al., 2009より）

患者（ＬＷというイニシャルで呼ぶことにする）が、麻痺をもつ側の手と、麻痺の影響がない方の手で棒をもったとき、手にした棒の長さの知覚が両方の手のあいだでどのように異なるのかについて調べている。ＬＷは運動麻痺のある右手では棒をみずから握ることができなかったので、右手を使うときは、ゴムのバンドを使って、手に棒をくくりつけて棒の長さを判定した（図2-5ｂ）。

すると意外なことに、ＬＷは運動麻痺のあるなしにかかわらず、どちらの手でも、健常者と変わらない精度で棒の長さを知覚することができた。シウヴァたちは、もう少し詳しく調べるために、「知覚された長さ」と、従来の研究で知覚と対応することが示されてきた、動かす軸まわりの慣性モーメントが対応するかどうかを確かめてみた。

おなじ材質で直径が変わらない棒であれば、棒の長軸と直交する軸まわりに回転させるときの慣性モーメントは、棒の長軸の長さの二乗と質量の積に比例する。このとき、棒の質量もまた長さに比例するので、実際のところ、慣性モーメントは長さの三乗に比例することになる。したがって、もし棒の長さの知覚が慣性モーメントと対応しているのであれば、知覚された棒の長さと、棒が動かされる軸まわりの慣性モーメントのあいだには、両者の対数のあいだに、傾きが1／3になるような線形の関係が現れることが予想される。実際にこれまで、数々の実験において、この関係が見られることが確認されてきた。

しかし、LWにおいては、麻痺のない手によって知覚された長さは、手首まわりの慣性モーメントとのあいだに右の関係が見られた一方で、麻痺した側の手によって知覚された長さと、手首まわりの慣性モーメントとのあいだには、それぞれの対数どうしをプロットした直線の傾きが1／3よりも有意に大きくなるような、通常とはすこし違った関係が見られた。

シウヴァたちは、あらためてLWが麻痺した手にくくりつけられた棒を探るときの動きに注目し、LWが麻痺をもつ手の先に伸びた棒を探るために、手首ではなく、肩を中心として左右に腕全体をまわすような動きをしていたことに思いあたる（図2-5c）。そこで、あらためて肩を回転軸としてあらたに慣性モーメントを計算したところ、こんどは知覚された棒の長さと、棒が動かされる軸まわりの慣性モーメントのあいだに、両者の対数どうしの関係が1／3になるような予想通りの関係が見られた。念のため、健常者にLWとおなじ動かし方をしてもらったところ、やはりＬＷとおなじ結果を得ることができた。

ＬＷは、麻痺した手で棒の長さをさぐるときに、麻痺のない手でもつときとは異なるからだの部位を軸とする、異なる動きを見せた。もちろん、それぞれの場合で、異なる動きの結果として生じる筋肉や腱といった生体組織の変形と、これらの組織に埋め込まれた一群の機械受容器の興奮の組み合わせはまったく異なるだろう。しかし、異なるからだの部位によるる、異なる動き方を通して、おなじ棒の知覚が生じていた。では、おなじ知覚が、必ずしもおなじ「組織の変形」と「受容器への刺激」によってもたらされるわけではないという事実は、いったいどのように説明すればよいのだろうか。

また一方で、棒の長さを探る動き方は異なるものの、なんでもいいというわけでもなさそうだった。ＬＷが麻痺した手にくくりつけられた棒を探る動きには、動く部位や動き自体は異なりながらも、ある回転軸から棒の長軸の先端までの長さを一定に保ちながら動かすという、健常者と共通する独特の「不変」も同時に観察された。このこととおそらく関連して、麻痺した手の場合であっても、棒の長さの知覚は、みずからが棒を動かした軸まわりの慣性モーメントに依存していることが、両者の関係には現れていた。そこには、「動き」に依存して生じる何かしらの「不変」もまた存在することが窺えた。

では、わたしたちが知覚する対象と対応するような不変な秩序は、いったいどのような

「場」に生まれているのだろうか。もちろん、こうした秩序は、一群の「からだの部位」や一群の「機械受容器の組み合わせ」といった、局所に依存して生じるものだとは考えにくい。また同時に、探る動き方自体は異なるけれども、回転軸まわりの慣性モーメントを保つというLWと健常者に共通して観察された「不変」は、手にした棒の長さと対応する秩序の生成が、からだの部位に依存しない反面、からだの動き方とは無縁ではないことをほのめかす。

結合組織の張力ネットワーク

学校の理科室や病院の待合室には、人体の解剖図のポスターや骨格模型があったりする。しばしば、そこには骨格と筋肉、あるいは臓器などがあらわされている。

もちろん、わたしたちのからだを構成するのは、これらだけではない。たとえば、骨格は骨格筋と結びつけられなければならない。これらを結びつける結合組織としては、強力な伸長強度を示すコラーゲン線維が決まった軸方向に規則正しく配列された強靭な引っ張り材である腱がよく知られている。しかし、実はそれだけではなく、コラーゲン線維が四方に交織する筋膜と総称される結合組織が、筋線維と筋線維、筋肉と筋肉、組織と組織などの無数のスケールで束ねており、からだのいたるところを結びつけている。

細胞のスケールでは、細胞は周囲にある細胞外マトリクスと、細胞膜上の焦点接着斑を介してつながっている。細胞はテンセグリティ構造をなしていて、細胞骨格を構成する引っ張り材と圧縮材のそれぞれにかかる力と、接着した細胞外マトリクスが細胞に加える力のつりあいによってそのかたちを保っている。

細胞骨格の主たる引っ張り材であるアクチンフィラメントは焦点接着斑につながっていて、焦点接着斑を介して細胞外マトリクスにつなぎ留められているが、細胞外マトリクスはさらに細胞の内部あるいは外部で生じる張力を伝えるネットワークとして機能している。たとえば、心筋組織中の細胞外マトリクスのなかのコラーゲン線維の張力ネットワーク構造が乱されると、ひとつひとつの心筋細胞が正常に機能していても、心筋細胞が発揮する収縮力が組織全体にうまく伝わらなくなり、組織全体の拍動量が低下することが知られている(Baicu et al., 2003)。

筋−骨格−結合組織系のスケールでは、腱や靭帯、筋膜などの結合組織は、細胞外マトリクスを豊富に含んでいる。そのため、結合組織の力学的性質は、細胞外マトリクスの成分に大きく依存する。一般に細胞外マトリクスには、伸張強度をもつコラーゲン線維や、細胞と接着する糖タンパク質などが含まれる。結合組織の中には線維芽細胞と呼ばれる細胞が含まれていて、細胞外マトリクス中のコラーゲン線維をせっせとつくりだしている。特に密性結合組織と呼ばれる靭帯や腱、筋膜などは、この線維芽細胞が産出するコラーゲン線維がびっしりと詰め込まれており、非常に強靭な引っ張り材となっている。

さまざまな結合組織は、さまざまな規模で、生体内をめぐるネットワークを構成している。筋線維どうしや筋群をつないだり、神経血管束を包んだりしている筋膜は、四方からの引っ張りに抵抗しつつ、張力をあちこちに分散するような構造になっている。そのため、筋肉が発揮する張力は、従来考えられてきたように腱を介して骨に伝えられるだけではない。いたるところをむすぶ筋膜もまた、常時内在的な張力がかかっていてたるみがなく、張力を伝えるのに十分な張りをもっている。実際、筋肉が発揮する張力が種々の筋膜を介して、離れたところにある他の筋肉や、筋肉以外の組織や器官へと広く伝わっていることが、近年さまざまな事例によって実証されつつある。

筋膜を介した筋張力の伝播に関する研究で知られるアムステルダム自由大学のホイジン(Huijing, P. A.)は、「筋–腱–骨」というこれまで狭い視野でとらえられてきた運動機能のユニットを、それらが埋め込まれている階層的な結合組織のネットワークの文脈のなかに位置づけてあらためて検討しなおさなければ、筋肉がからだの動きにおいて果たす真の役割はいつまでたっても理解できないままだろうと述べた(Huijing, 2009)。

触力覚システムの媒質

触力覚の「媒質」はなんだろうか。

フォンセカ（Fonseca, S. T.）とターヴィー（Fonseca & Turvey, 2006）は、北米生態心理学会のシンポジウムの場で、一見とても奇妙な右の問いを発して、まわりをぎょっとさせた。一八世紀初頭にバークリ（Berkeley, G.）が言ったように、触覚は物体がわれわれの身体器官に作用する直接的接触によるものではないのか。触覚の直接的対象は、外部に存在する事物そのものではないのか（Berkeley, 1709）。

しかし、これまで見てきたように、ことはそれほど単純ではない。

アリストテレス（紀元前三八四―三二二）は『魂について』のなかで、「たとえ仮にわれわれが触れられうるものを感覚するのはすべて皮膜を通じてであり、その介在に気づいていないのだと仮定しても、それは現に水のなかや空気のなかにいてそれを感覚するのと同じような状態にあることになるだろう（アリストテレス、中畑訳、二〇一四、一一六頁）」と述べた。アリストテレスは、視覚や聴覚や嗅覚が空気や水という媒質が存在することによってはじめて成立するのと同様に、触覚は肉や皮膜といった生体組織を媒質としている可能性に人々の注意を喚起した。

その後、触覚の「媒質」を問題にすることが奇異に響く現代に至るまでに、どのような経緯でこうした視点が抜け落ちていったのかはわからない。しかし、『魂について』で展開されるまっとうな正論を読むと、むしろ、触覚の「媒質」について、二千年以上ものあいだ不問に付されてきたことの方が異常な事態のように思われてくる。

ターヴィーとフォンセカは、階層的なテンセグリティシステムをなす生体組織が、知覚される対象と対応するような不変な配列構造が現れる「媒質」として機能することで、わたしたちの触力覚が可能になっているという仮説を提案した。

この触力覚の「テンセグリティ媒質仮説」の根拠のひとつとしてターヴィーとフォンセカ(2014)が挙げるのが、深部受容器と呼ばれる機械受容器の生体組織内の分布である。

触力覚に役割を果たすと考えられている、筋肉、腱、関節にある感覚受容器は一般に深部受容器と呼ばれる。深部受容器には、骨格筋の筋線維と平行に走っていて筋肉の変形や振動を検知する筋紡錘や、筋肉と腱の接合部に位置して腱の変形および振動を検知するゴルジ腱器官と呼ばれる機械受容器がある。

骨格筋のなかの筋紡錘の分布密度は一様ではなくて、大きなばらつきが存在する。そのばらつきも、探索にしばしばかかわる部位に多く分布しているといったわかりやすいものではなくて、たとえば手を動かす筋肉よりもおしりの大臀筋の方が、筋紡錘の密度はずっと高かったりする(Kokkorogiannis, 2008)。また、おなじ筋肉の中でも、筋紡錘が密集しているところもあれば、まったくないところもあったりする。このような分布の粗密の存在は、「局所的な筋肉や腱の長さをモニターすること」が受容器の役割だとする伝統的な見解とは、どうもつじつまがあわない。

筋紡錘の分布を詳しくしらべると、そこにはなんらかの傾向も存在する。たとえば、筋紡錘の密度の高いところは、遅筋線維（タイプI線維）と呼ばれる筋線維の割合が多いところと一致する傾向にある。酸素の獲得に長けた遅筋線維は、筋肉の深部の神経血管束のまわりに特に集中して分布している。そこには、神経と血管だけでなく、これらの束を包む強靭なコラーゲン線維からなる筋膜の一種（neurovascular tract）が走っていて、この筋膜は部位をまたがって張力を伝えるネットワークの一部を形成している。これらの事実から、ターヴィーとフォンセカ（2014）は、神経血管束をつつむ筋膜の張力のラインと筋肉の接合部分に沿うかたちで、筋紡錘が分布しているのではないかと考えた（図2-6a）。

ラットの前腕を伸ばす筋肉における筋紡錘とゴルジ腱器官の分布にも、ターヴィーらの主張と符号する事実が報告されている。ラットの前腕の伸筋に分布する深部受容器もまた、一様な分布は見せておらず、あるところに偏って分布している。図2-6bに見られるように、ラットの筋における深部受容器の分布は、筋肉をつないで張力を伝えている筋膜にきれいに連なるかたちで、筋膜と筋肉との接合部分に集中している。筋膜と筋肉という、材質が異なり、張りや硬さが異なる張力材同士が出会うこれらの結節点では、張力が伝播するときに組織がもっとも顕著な変形を示し、組織の変形がおりなす「場」はもっとも豊かなパターンを示すであろうことは想像に難くない。

もっともっと小さなスケールでも、おなじような事実が見られていることは注目に値する。たとえば、細胞の機械受容体として機能するインテグリンは、細胞外マトリクスと細胞

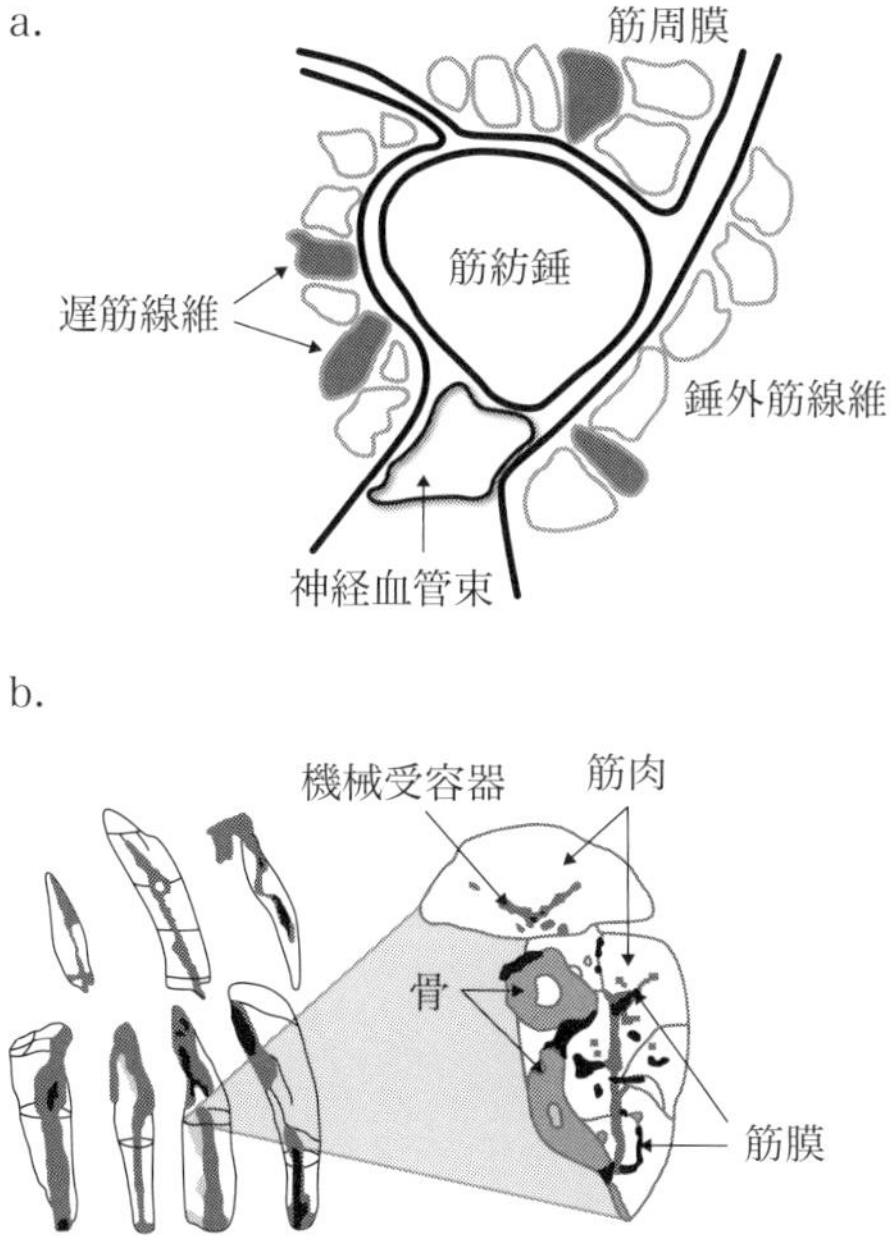

図2-6　a. 神経血管束と筋紡錘との位置関係, b. ラットの前脚の伸展筋の断面図。機械受容器は筋膜に沿って配置されている（Turvey & Fonseca, 2014より）

内のアクチンフィラメントというふたつの異なる材質の張力材が出会う接合部分である焦点接着斑に、やはり配置されている（Ingber, 2006）。周囲の力学的環境を、張力配列から「知る」アーキテクチャーには、あるいはスケールを超えた不変な設計原理が背後に存在するのかもしれない。

もし機械受容器が局所的な個々の筋肉や腱の変形を検知しているのではなくて、周囲に存在する連続的な張力の「場」に浮かび上がるパターンを検知しているのであれば、おそらく機械受容器はすべての場所にある必要はないだろう。からだの階層的なテンセグリティシステムの張力配列に浮かび上がる構造が存在し、機械受容器群はそこに生じた構造を検知しているとするターヴィーとフォンセカの「テンセグリティ媒質」仮説は、筋膜や深部受容器の分布という解剖学的な事実や、細胞の力覚の基盤となるアーキテクチャーをめぐって近年得られている知見に、新たな整合性をもたらす可能性がある。

媒質に浮かび上がる秩序

ターヴィーとフォンセカの仮説で問題となるのは、知覚される対象を特定する生体ひずみ場の配列の動的パターンが、知覚される対象を特定しない他のすべてのパターンから、いかにして区別され得るのかという点になる。

わたしたちのからだにおいては、張力のネットワークが統合するさまざまなスケールのテンセグリティ構造が入れ子になって階層をなしている。テンセグリティは、静止状態でも応力（プレストレス）が常にかかっていて、外から力が加わってもたえず力を分配し、みずからつりあい状態を保つ。たとえば細胞のスケールでは、細胞の内側から張力材（アクチンフィラメント）が引っ張る力に対して、おなじく細胞の内側から圧縮材（微小管）が押し出す力で抵抗し、なおかつ焦点接着斑を介して細胞外マトリクスが外側から細胞骨格を引っ張ることで、力のつりあい状態が保たれている。

細胞外マトリクスが変形して外から細胞に力が加わったり、細胞内のアクチンフィラメントがミオシンフィラメントとむすびついて収縮力を発揮したりすると、張力がかかった方向に沿って、細胞骨格の各要素と焦点接着斑の位置関係が再配列される。それにともない、細胞の内部で張力材と結ばれた核もまた、移動、変形する。

階層的なテンセグリティシステムのからだに内外からさまざまな力が加わると、即座に複数の階層に張力が分配され、要素が再配列されることで、全体として新たなつりあい状態がおのずと生まれる。このような、おのずと力を再分配して全体として折り合いをつけ、つりあいをとる性質のために、階層的な生体テンセグリティシステムのひずみ場と、それをもたらす張力配列には、からだや部位のまとまりと対応するある種のまとまった共変パターンが生じるとともに、それらのパターンはからだが被る力と法則的な関係を示すと考えられる。

では、そのようなパターンは、どのようにして特徴づけられるものなのだろうか。知覚される対象を特定する生体ひずみ場の配列の動的パターンは、知覚される対象を特定しない他のすべてのパターンと、何によって区別されるのだろうか。

この点についてのターヴィーとフォンセカ（2014）の仮説は次のようなものである。

引っ張りの力は、おのずと結節点が最短距離を結ぶように構成要素を絶えず再配列していく。そして、それぞれの階層を構成するテンセグリティにおいて、余分なエネルギーを使わずに結節点が全方向で安定化するように、三つの軸の張力あるいは圧縮力が結節点で出会う「三角形化」がおのずと起こる。

たとえば、オレンジを積み重ねてみる。すると、重力に引き寄せられて、オレンジの中心同士をむすぶと三角形をつくるような安定構造がおのずとできてくる（図2-7a）。あるいは、平面上でひとつの球が、一群のおなじ大きさの球をまわりから引っ張り寄せているとき、余分なエネルギーを使わずに構造が安定するのは、中心の球のまわりに六つの球が接するかたちである（図2-7b）。この構造は、三つの部材が集まることですべての結節点が安定している正三角形を、一点を包囲するかたちで平面上を隙間なく配置したものと等しい安定性をもつ。これはハチの巣の断面の構造でもある（図2-7c）。

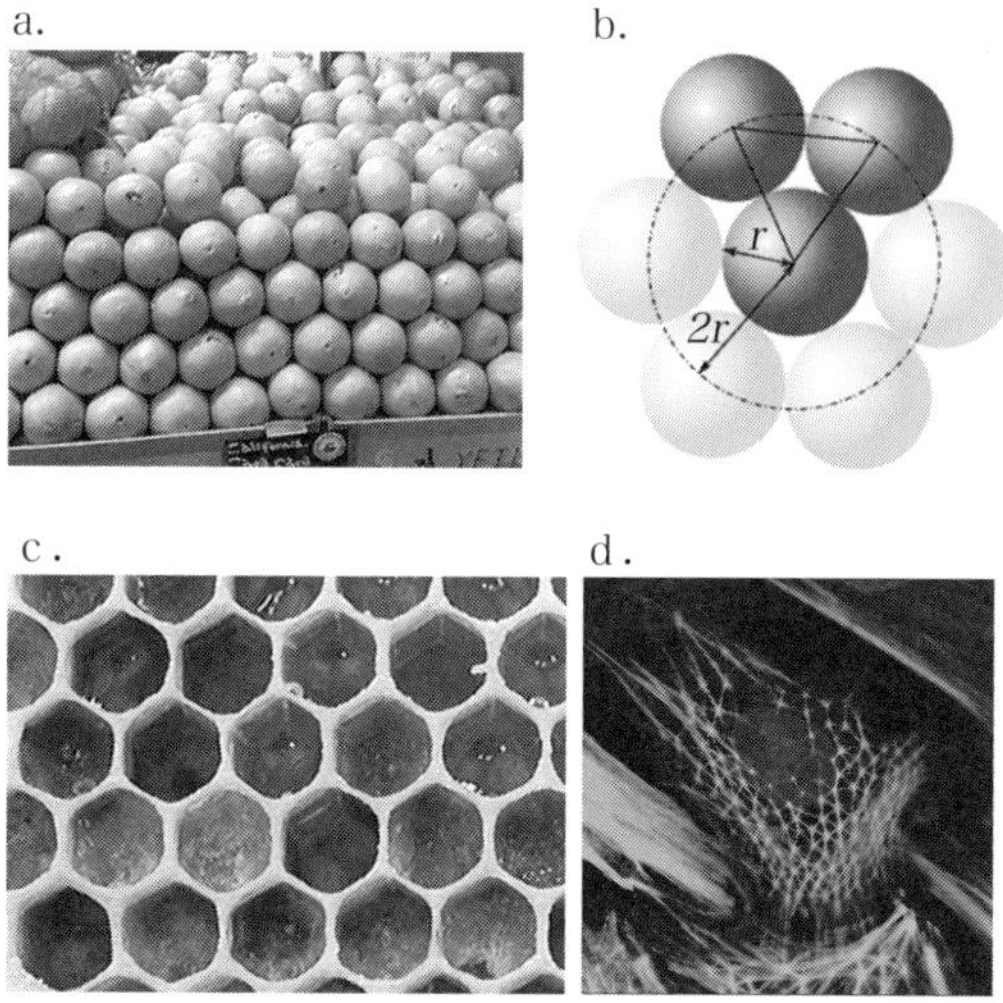

図2-7　空間充填と三角形化（Levin, 2006を改変）。a. 積み重ねたオレンジ，b. 平面上の球を隙間なく取り囲む空間充填，c. ミツバチの巣の断面図〔写真提供　玉川大学ミツバチ科学研究センター〕，d. 線維芽細胞のアクチンジオドーム〔Image provided by Emilia Entcheva, Stony Brook University, NY〕

複雑な生体組織においても、全方向からたえず力にさらされることを通じて、最大効率をもたらす安定構造がさまざまなスケールで現れる（Levin, 2006）。たとえば、細胞骨格の引っ張り材であるアクチンフィラメントのネットワークは、三つの軸からの引っ張りの力がそれぞれの結節点で集まることによって、アクチンジオドームと呼ばれるジオデシックな立体の網目構造を形成する（図2-7d）。あるいは、筋原線維の断面ではアクチンフィラメントとミオシンフィラメントが、ハチの巣とよく似た最密充填の六角格子構造をなしている。

こうして見ると、からだの筋−骨格−結合組織系の階層的テンセグリティ構造は、非常に複雑に入り組んではいるものの、異なる階

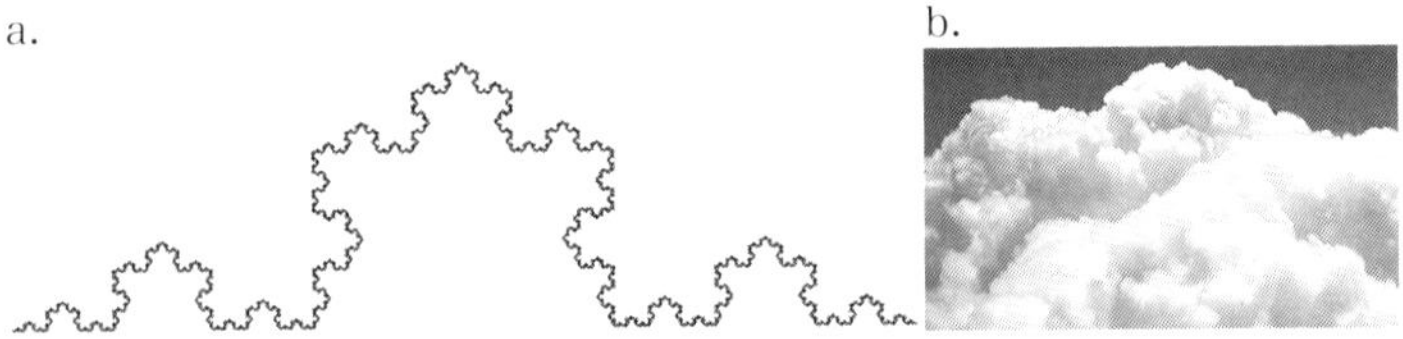

図2-8　a. コッホ曲線　b. 雲

層において、共通の原理がはたらいて張力が分配されている可能性が考えられる。どのような大きさでも、どのような向きにおいても、それぞれのテンセグリティ構造は外部と内部から引っ張られて安定している。このとき、たとえば、部材をまっすぐに伸ばすという張力に備わる傾向や、三つの軸から引っ張ることで余分なエネルギーを使わずに結節点が全方向で安定化させる三角形化の原理は、さまざまなスケール、階層で共通に作用しているだろう。言い換えると、入れ子になったテンセグリティシステムでは、スケールを変えながら、三角形化を基礎とするようなジオデシックな力の分配が繰り返されていると考えられる。

一般に、スケールを変えながら似た構造が繰り返されるものを、「フラクタル」と呼ぶ。フラクタルな構造は、特徴的なスケールをもたず、観察するスケールを変えても見え方が変わらない自己相似性という性質をもつ。フラクタルの例としては、コッホ曲線のような図形がよくあげられるが、たとえば無数のスケールにわたる大気の複雑な流れを映し出す雲のかたちなども、どのような倍率で拡大、縮小して観測しても、よく似たパターンが現れることが知られている（図2-8）。ただしもちろ

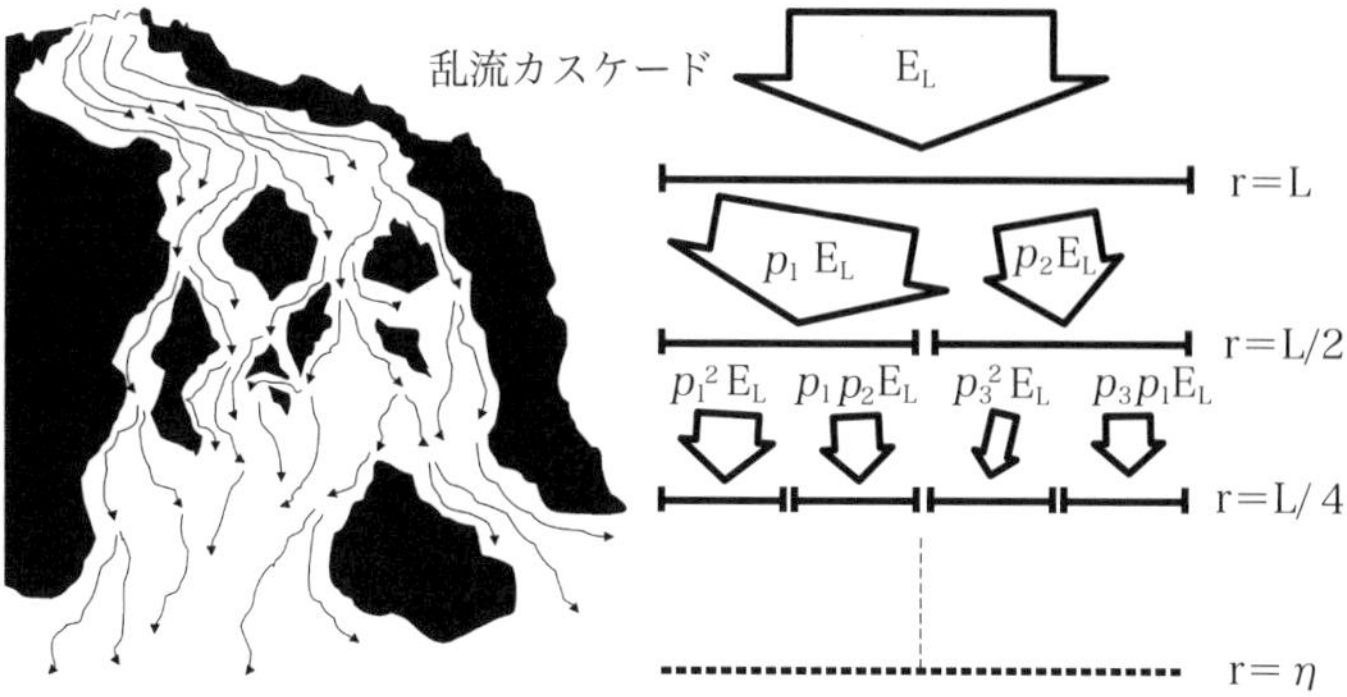

図2-9　滝の分岐がスケールを替えて繰り返されるモデル
(Turvey & Fonseca, 2014より)

ん、雲の場合は、コッホ曲線のように部分と全体がまったく相似的になっているのではなく、おなじような複雑さをもったかたちになっているのであって、統計的な意味で自己相似になっている。

階層的なテンセグリティシステムにおいて、張力が階層を越えて小さいスケールへと分配されていくさまを、たとえば、段々になった滝が支流にどんどん分かれていくようなフラクタル構造として考えてみる（図2-9）。

フラクタル構造はベキ法則と密接に関連している。たとえば、滝が段々を流れ落ちていくとき、二段目で1／2の幅の二つの滝に分かれ、さらに三段目で1／4の幅の四つの滝に分かれといった具合に、幅がどんどん狭くなるかたちで規則的に支流が枝分かれしていったとする。このとき、滝を流れる全水量のうち、幅Lのひとつの支流を流れる水量の割合を$P(L)$とすると、$P(L)$ は $P(L) \sim L^{\alpha}$ というベキ乗則によって特徴づけられる。このようなベキ乗分布では、L のスケールを取り替えても、つまり L を c 倍にして cL に置き換えたとしても、L^{α} が $(cL)^{\alpha}$ に変わるだけであるため、幅のスケールを変えてもある幅をもったひとつの支流を流れる水量の割合が L^{α} に比例するという事実は不変である（蔵本、二〇〇七）。

しかしながら現実には、自然の滝を下る複数の支流が均質ではないのとおなじように、張力のネットワークを形成する組織もまた均質ではない。結合組織には異なる線維の目や密度をもったさまざまなものがあり、また細胞外マトリクスや細胞骨格も一様ではない。と同時に、不均質でありながらも、最大効率で構造が全方向で安定化するような、共通の張力分配プロセスがスケールを変えて繰り返されている。

これは、滝のモデルに置き換えて考えると、滝の水が均等に分配されていくのではなくて、複数の支流に分かれていく中で、ある支流には他の支流よりも多く水が流れ、さらにその支流が分岐していく際にも、あるところには他より水が多く流れるといった不均質な分配が、スケールを変えながら繰り返されるフラクタル構造として模すことができる。

スケールを変えながらある物理量の不均質な分配が繰り返されるような場合、右に挙げたようなベキ法則において、観測スケールと物理量の関係をひとつの指数 α だけによってあらわすことはできない。というのも、そこには不均質な局所の配分比率を反映するかたちで、さまざまな値の指数をもった階層スケール間の関係が無数に重なりあっているからだ。

ひとつではなく、重なりあった複数のスケーリング指数によって特徴づけられるような物理量の分布パターンを「マルチフラクタル」と呼ぶ。マルチフラクタルのパターンにおいては、不平等な分配が、段々になった滝を下るごとに乗算的に繰り返されていく。そのため、張力の分配に即して言うと、加わった応力に対するシステマティックな全体の秩序は保たれながらも、機械受容器が検知するような下位の小さなスケールにおいては、「間欠性」と呼ばれるような大きな変動が生じ得る。

ターヴィーとフォンセカ（2014）は、筋―骨格―結合組織系を構成する階層的テンセグリティシステムにおいては、内外から加わる応力の分配がマルチフラクタルの分布パターンによって特徴づけられると考えた。手足の動きや、なにかを手にもったりして身体に内外から応力が加わるとき、各所が折り合いをつけ、自己つりあい状態にいたる仕方で、応力はさまざまなスケールでシステマティックに分配されていく。このとき、機械受容器へといたる局所的な刺激は間欠的に変動しつつも、全体としては独特の張力分布の秩序と、それに応じた生体組織のひずみ場の秩序が現れることになる。

筋―骨格―結合組織系を構成する階層的なテンセグリティ構造が、触力覚システムのための情報をもたらす媒質となるというターヴィーとフォンセカの仮説は、次の三点にまとめることができる。

一．筋―骨格系は、骨格と骨格筋、それらをむすぶ腱や靱帯だけではなく、筋線維と筋線維、筋肉と筋肉などあらゆるスケールで要素間を束ねる筋膜などの結合組織がいたるところに存在し、張力が連続的にめぐる階層的なテンセグリティシステムとしてとらえられる。

二．手足を動かしたり、なにかを手にもったりしてからだに内外から応力がかかるとき、筋―骨格―結合組織系を構成する階層的なテンセグリティシステムにおいて、自己つりあい状態へといたるシステマティックな応力の分配があらゆるスケールで生じる。

三．局所的な生体組織のひずみと、それにともなう局所的な受容器の刺激の変動は間欠性をもちながらも、マルチフラクタルをなす応力配列のシステマティックな時間変化パターンには、それを生じさせたところの知覚対象と法則的に対応するような不変な構造もまた存在する。

触力覚システムでは入力と出力は分けることができず、からだは動きを通して身体やその付着物を知覚する。このような能動的システムとしての知覚のはたらきが依拠する情報の媒質については、生きた複雑な活動をまるごと対象とせずには調べることができず、右の仮説の検証はとても難しい。

しかし、もしターヴィーとフォンセカの仮説が実証されるとなると、知覚の諸理論に与えるインパクトは測り知れないものがある。

能動的に手にしたものを探るときには、皮膚表在性の受容器だけでなく、手の動きにより深部にある筋肉、腱、関節などの固有受容器も興奮し、さらに運動系も関与する。このような現象は要素的な刺激や神経を伝わる信号へと分解していく分析的な手法でアプローチするにはあまりに複雑すぎた。

しかし仮に知覚が、個々の受容器へのばらばらな刺激を基盤としているのではなく、受容器の外にすでに存在する、媒質中に浮かび上がるシステマティックな秩序を基盤としているのであれば、話は別だ。というのも、そのとき知覚の問題は、ばらばらに入ってくる膨大な刺激や信号をいかにして「統合」するかという途方もないものではなく、媒質という舞台にすでに生じている秩序をいかに検知し、識別するかという、別種の問題へと帰着するからだ。そこでは、知覚システムはあいまいさを減らすようにみずから動くなどして、知覚される対象と対応するような、媒質中に浮かび上がる不変なパターンを探ることになるだろう。

Ⅲ章　環境へ――「まわり」との遭遇

わたしたち動物は、さまざまな益や害をもたらす環境との接し方をいつも調整している。こうした調整が依拠する情報が生まれるところは、からだの「内部」とはかぎらない。からだの「まわり」を見まわしたとき、そこにはいったいどのような利用可能な情報があるのだろうか。

本章では、からだの外へ、一歩踏み出してみたい。ここでは、わたしたち動物のからだを外側から包んでいる媒質が、わたしたちの「知る」活動にいったい何をもたらしているのかについて考える。さらに、知覚心理学者ギブソンの媒質論をたよりに、わたしたちが「まわり」との接触を調整することを何が可能にしているのか、事例とともに見ていきたい。

1　水の触覚

からだの「外」にある触覚の媒質がある。

水を得た魚、という言いまわしがある。水の中で暮らしている動物は、からだ全体が水に包まれていて、文字通り水に支えられて生きている。常に水にからだで触れながら生きる動物には、水力覚（hydrodynamic perception）と呼ばれる、陸上で暮らすわたしたちには耳慣れない種類の知覚がある。水力覚とは、からだを包囲する水の立体的な動きのパターンの変化から、まわりにあるものや出来事について知る触覚のことで、水生動物には魚類、甲殻類、哺乳類といった系統を問わず広く見られる（Bleckman, 1994）。

水力覚について、これまでもっともよく研究されているのは、アザラシやアシカといった鰭脚類の動物たちである。アザラシやアシカは、ヒゲのように見える、顔に生えた複数の触感覚毛によって、みずからのまわりにある水の動きを探る（図3-1a）。たとえば、ゼニガタアザラシは、目隠しをして、ノイズを発するイヤホンをして耳をふさいだ状態でも、仲間のアザラシが二〇秒も前にその場を去って泳いでいった水中のルートを、その通りに辿って追いかけて泳いでいくことができる（Schulte-Pelkum et al., 2007）。

ゼニガタアザラシが、仲間が水の中につくった「轍」のような跡を追いかけていくとき、ひとつひとつの触感覚毛の変形がもたらす感覚受容器への刺激は一定ではありえない。感覚受容器への刺激は、みずからの泳ぎによって絶えず揺れ動くとともに、海流の変化やその他の無数の要因の影響によって刻々と変化する。それにもかかわらず、ゼニガタアザラシは、感覚受容器の「外部」に生まれている、仲間の泳ぎが生んだ独特の渦や水流の構造を、みずからの泳ぎとその他あらゆる出来事によって生じる構造から区別して検知し、仲間を安定して追いかけていくことができる。

水生動物が探りあてる、実際に水の中に生まれている、出来事と対応する水流のパターンとは、いったいどんなものなのだろうか。ハンケ（Hanke, W.）たちは、小さな粒子を水中に散らしてその動きを追うことで、水中のさまざまな出来事によって生じる水流の立体的な計測を行っている。たとえば、九センチのブルーギルが毎秒約二〇センチの速さで泳いでいったとする。計測結果は、ブルーギルが通り過ぎてから一分経った後でもなお、進行方向と対応する渦構造をともなった、毎秒二ミリ程度の速さの水流が水中に残ることを示している（Hanke & Bleckmann, 2004）（図3-1b）。また、自然環境で魚はしばしばピクっと急発進するが、三〇センチのニジマスが急発進するときには、発進した方向と法則的に対応するふたつの独立した渦輪を含む、異なる特徴をもった三種類の水流パターンが水中に生じる（図3-1c）。これら三つの水流のパターンはそれぞれに特有の仕方で減衰しつつも、自然状況に近い水の流れのなかでも、数分以上も持続することが確かめられている（Niesterok & Hanke, 2013）。

大きさや泳ぎ方の異なる魚が水中を泳ぐとき、水流の速度ベクトル場にはそれぞれに応じた特徴的なパターンが生じる。このような場を特徴づける水流の速度の差異や変化に対して、動物の水力覚システムは敏感である。実際、先述のゼニガタアザラシは、水の動きの情報だけをたよりに、見たこともないミニチュア潜水艦を追いかけることもできれば（Dehnhardt et al., 2001）、水中で人間が動かした櫂の大きさやかたちを判定することもできる（Wieskotten et al., 2011）。これらの事実は、たとえば夜間や、水の濁り、水深の変化など、さまざまな理由によってうまく「見る」ことができない条件下でも、水のなかにどんなものがあり、それがどこに向かっていて、どんな風に動いているかを知るために利用可

図3-1　a. ゼニガタアザラシの触感覚毛（Hanke et al., 2013より），b.9cm のブルーギルが泳いでいったあと60秒後に残っている水流の速度ベクトル場（矢印は泳いでいった方向）（Hanke, 2014より）〔With permission of Springer〕，c. ニジマスの急発進によって生じる渦（Niesterok & Hanke, 2013より）

a.

b.

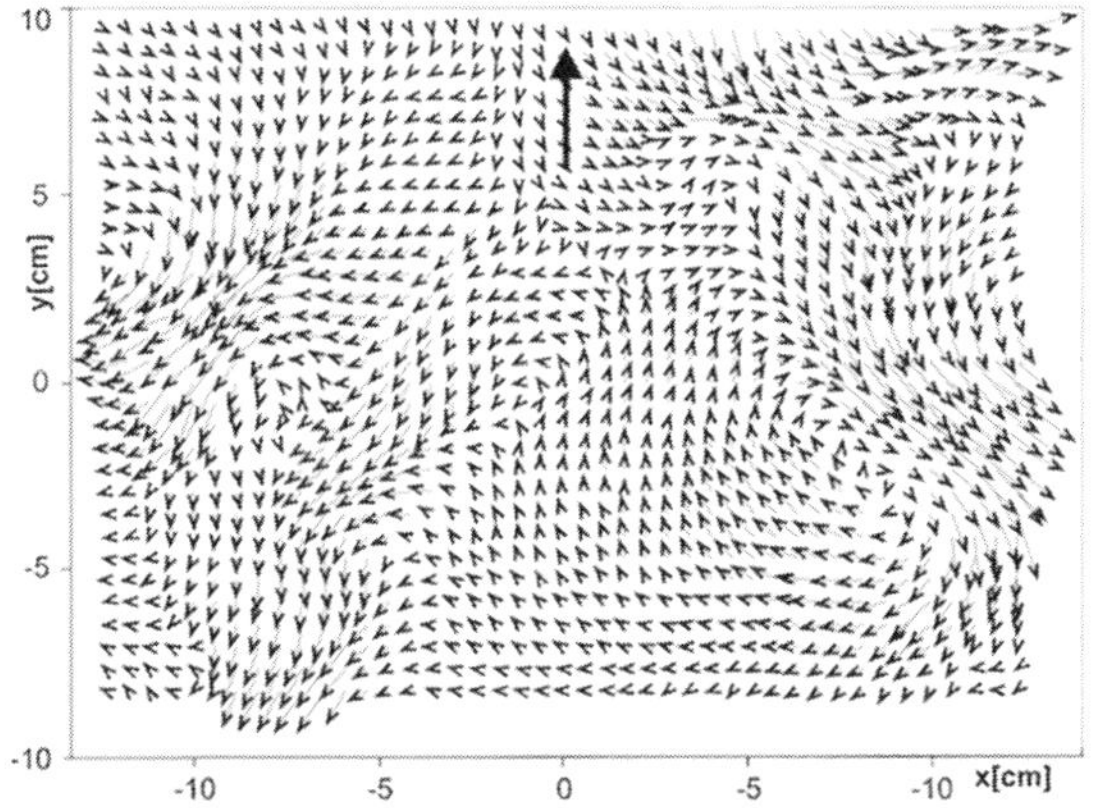

c.

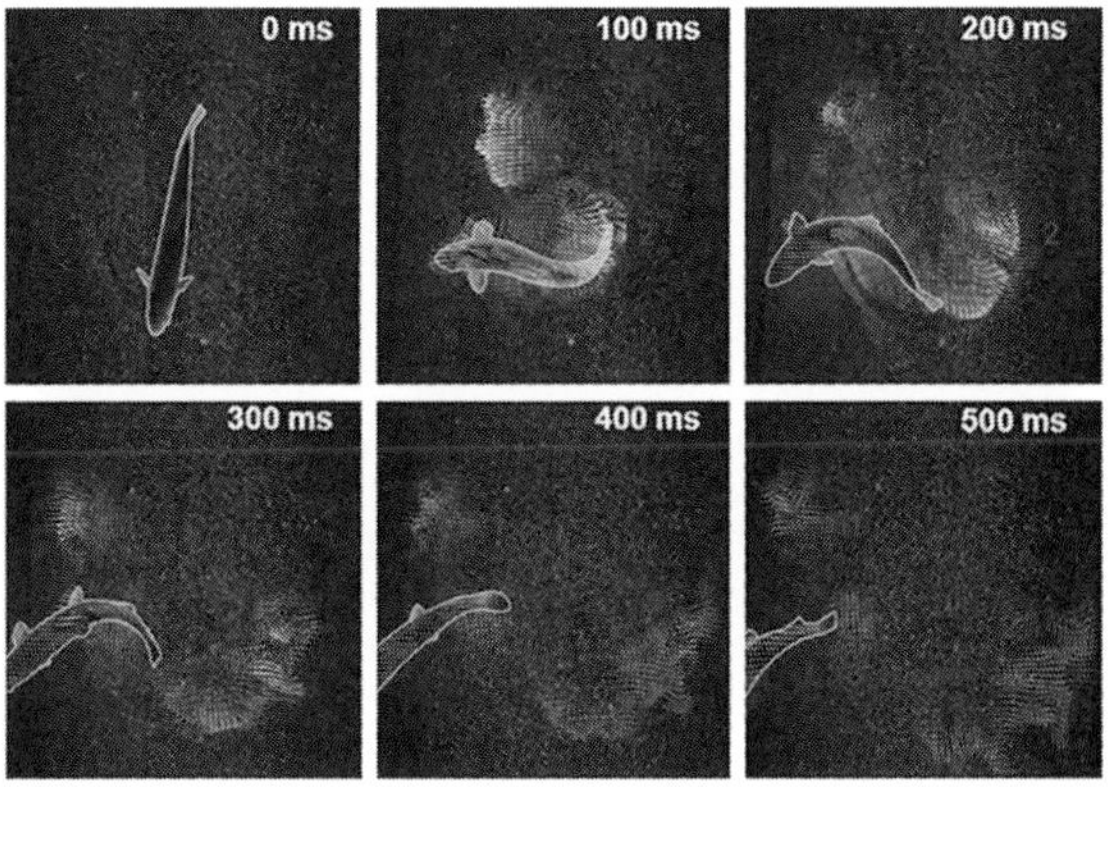

能な情報が、水中の渦や水流の構造に豊富に潜在していることを示唆している。あるいは知覚の対象を水中でクリアに見ることができる状況下など、こうした水流の触覚

情報があまり使われないような場合もあるかもしれない。また、たとえば大きなサメが背後に迫っているとき、目の前にエサとなる小魚の動きと対応する渦や水流パターンが生じていても、サメから逃げる動物はそのことにまったく気づかないかもしれない。しかし、たとえ動物が注意を向けていようといまいと、注意を向ける動物がそこにいようといまいと、そこで起こっている出来事と対応するなんらかの構造が水のなかに生まれているという事実にかわりはない。

水力覚の例は、次のふたつのことに対して、あらためてわたしたちの目を見開かせてくれる。まず、（一）わたしたち動物の感覚受容器の外側に、まわりにあるものや出来事を知るために利用可能なエネルギー配列の構造がしばしば潜在していること。つぎに（二）水生動物を包む「水」という媒質がもつ固有の性質が、そこで暮らす生物たちに対して、独特の知覚の機会を提供しているということである。

陸にあがった動物の場合はどうだろう。

わたしたち陸生動物のまわりには、常に空気という媒質がある。けれども普段、わたしたちは空気そのものを見たり、聴いたりすることがない。そのため、いつもわたしたちを包んでいる空気は、しばしば「空虚」なものと勘違いされる。空気を具体の存在として見なすことに、わたしたちは慣れていない。

だが見方を変えると、このように空気が「ないもの」と見なされてしまう事実こそが、わたしたちの知覚における空気のはたらきを物語るものだと言えるかもしれない。

水中で媒質の存在を実感したところで、その感触を忘れないうちに、陸に上がって、わたしたちを包む空気について考えてみたい。

2　ギブソンの媒質論

空気と「見る」こと

陸生動物が環境を「見る」ことを可能にしているものはなんだろうか。

網膜に描かれる対象の画像、とニュートンだったら答えるかもしれない。しかし、たとえばトンボのような地上の節足動物はどうだろう。節足動物の複眼と呼ばれる眼は、対象の画像が描かれる網膜をもっていない。そのかわり、個眼と呼ばれるチューブ状の独立した光受容器が、トンボの場合だとおよそ二万本、それぞれが異なる方向を向きながら球状に密集している。

トンボの複眼の裏側には、「像」をむすぶスクリーンとしての被膜は存在せず、ニュートンが想定したような、「視覚の原因」となる「画像」は存在しない。しかしそれでも、トンボは環境を「見る」ことができる。地上で「見る」ことを可能にする眼の解剖学的機構は、ひとつではない。「見る」活動の成立は必ずしも網膜に像が映ることに依存しているわけではない。

では、陸生動物が「見る」ことを可能にしているのは、網膜の錐体のような光受容器を活性化させる、ある閾値以上の強度をもった可視光線だろうか。

この問いに対して示唆をもつものに、「ガンツフェルト（Ganzfeld）」と呼ばれる等質視野における見えの実験がある。たとえば半分に割ったピンポン球などでそれぞれの眼をすっぽりとカバーして、外部の光源から一様な照明を与えてみる。すると、眼の光受容器は光エネルギーによって刺激されながらも、視界からは光の強度の差異の構造が完全に剥奪された等質の視野が生まれる。

もちろん自然状況ではありえないことだが、実験で厳密に等質な視野に置かれると、人は能動的に視線をどこかにつなぎとめておくことができず、その視線はあてどなくさまよいはじめる。また、等質な視野においては、眼球の水晶体の焦点を能動的に調節することが、まったくできなくなってしまう。そこでは、視覚システムが能動的にはたらくための周囲の足場がすっかり失われ、完全に受け身な仕方で光エネルギーが光受容器へと外部から入力される状況が生まれる。

辻（一九八八、一九九七）の実験では、等質視野におかれた実験参加者が、何が見えるかを報告した。肌理のない等質視野におかれた五分間のうちに、実験に参加した人の一人は「眼が馬鹿になった」と言い、いく人かは「自分が見ているのかどうか判らない」と表現した。おなじ実験をしたギブソンは「私を含め、観察者には、文字通り『何も』見えなかった。空を見ているような感じで、表面や対象はどの距離にも見えず、奥行きの経験もなかった（Gibson, 1979, p.151）」と報告した。

眼球に受動的に入力される光エネルギーそのものは、必ずしも「見る」ことを可能にするものではない。

もうすこし一般化して考えてみよう。

たとえば仮に、「見る」ことを網膜の感覚受容器への一群の刺激の受動的な入力を起点とするものとして考えてみたとする。あたりまえのことだが、この場合、「見る」ことは、感覚受容器に刺激が入力された「以降」のプロセスの問題としてとらえられることになる。

けれども、そこにはなにかが欠けている。

なにかを「見る」とき、わたしたちは椅子にしばられて、むりやり網膜に光が投影されているわけではない。生きた動物が環境を「見る」とき、動物は、見られる対象に視線をつなぎとめて、眼の焦点をあわせるように調節し、見まわし、近寄ってみる。「見る」ことの議論を、光受容器への入力からはじめてしまうと、それ「以前」に起こっているわたしたち動物によるこうした生きた活動は、まるごとすっぽりと抜け落ちてしまう。

ニュートン以来、「見る」ことを、網膜像が入力された「以降」の内的なプロセスへと還元しようとする思考の習慣は根強い。「視覚は、網膜像から、世界のどこに何があるかを発見するプロセスである（Marr, 1982, p.3）」という前提は、今日の視覚研究の主流となっている。けれども、網膜像の入力からはじめてしまっては、非生物のカメラへの画像の入力と、生きている動物の能動的な活動との本質的な違いが見えなくなってしまう。

網膜像や光受容器の興奮は、むしろ環境に視線をつなぎとめ、見まわし、焦点をあわせるといった、環境を「見る」からだ全体の活動の結果として付随して起こっていることであって、こうした能動的な活動を可能にしているものではない。だとすると、網膜に像が映り、光受容器への入力が感覚ニューロンを伝わるプロセスをいくらつぶさに調べてみても、わたしたち動物が能動的に「見る」活動が何に依拠しているのかという問題については、まったくわからない可能性がある。

このように考えたギブソンは、生きている動物が環境を「見る」とき、能動的な活動がその足がかりとして利用できるものとしていったい何があるのかという問いを、感覚受容器への入力以降のプロセスをめぐる伝統的な問いとは独立したものとして、あらためて提起することになる。

もちろん、暗闇ではなにも見えないわけだから、わたしたちが環境を見ることは光に依存している。しかし、「見る」ことが依存している光とはいったいどんな光だろう。等質視野の実験が示すように、網膜の光受容器が感受する光エネルギーそのものを、わたしたちはみずから眼の焦点をあわせて、能動的に「見る」ことができない。では、能動的に「見る」という、わたしたちの活動を支えている「光」とはいったい何なのか。

ギブソンはまわりに目を向けてみた。

そこにはまず、空気がある。では、空気が光と出会うと、いったい何が起こるのか。太陽や光源から放射される光は、空気を通り抜けるときに、空気中のほこりや水蒸気といった微粒子や分子の表面によって散乱、吸収される。空気を通り抜けた光と、空気中での散乱によって生じる散乱光は、ともに地面や海、動物の皮膚など、空気中に露出した地上のさまざまな表面に降りそそいで、そこでさらにあらゆる方向に反射されたり、表面で吸収されたりする。このような散乱と吸収は、空気中の微粒子と地上の表面とのあいだで絶え間なく繰り返され、光源からはさらなる光がやってくる。

これが、放射光と空気が出会うことで生まれる「照明」と呼ばれる出来事である。照明さ

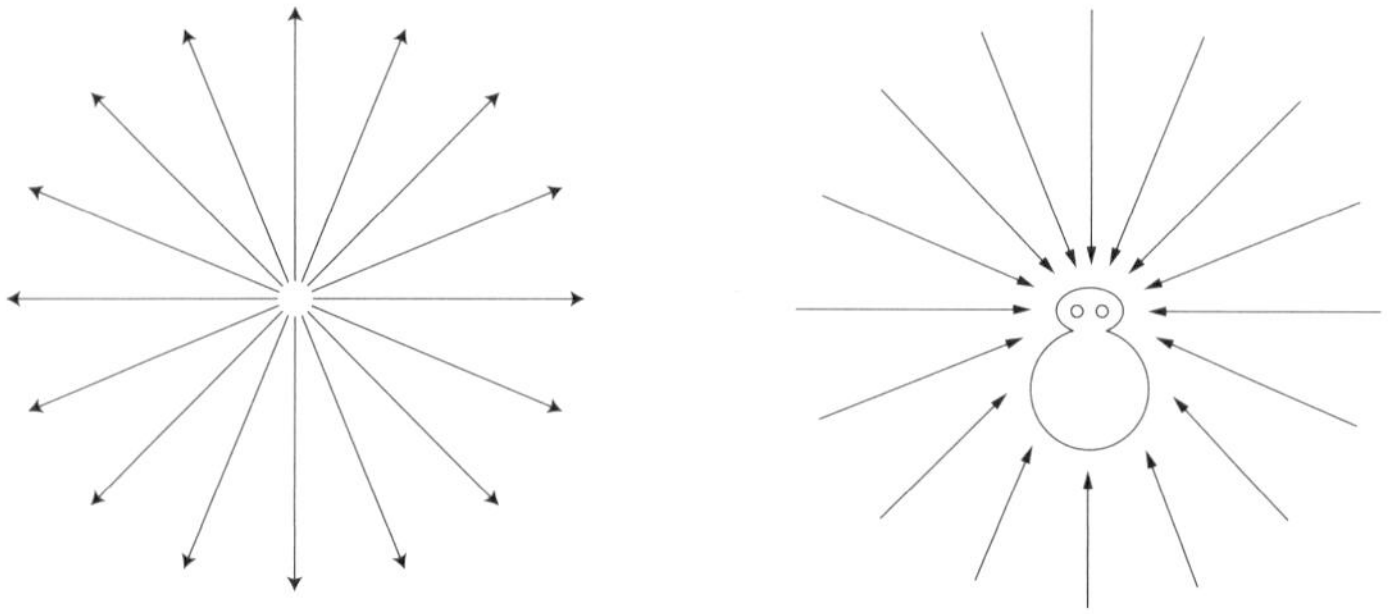

図3-2　放射光（左）と包囲光（右）
(Gibson, 1979：古崎ほか訳，1985より)

れた環境においては、あらゆる方向から行き交う密な光のネットワークが空気のなかを満たしている。まわりは明るく、空気中のそれぞれの観察点は、全方向から無数に行き交う光によって包まれている。

地上の照明環境において、空気中のあらゆる観察点を包囲する光のことをギブソンは「包囲光」と呼んだ（図3-2）。おなじ光とは言え、観察点に収束する包囲光は、太陽のような光源から放射される放射光が地上環境と出会うことによってはじめて生じる、高次の光の事実である。

光源から放射される光線は、それ自体は構造をもたない。一方、空気中のそれぞれの観察点に四方からやってくる包囲光には、まわりにある地面や物の肌理に依存して方向によってその強度や波長が相対的に異なるような、その観察点に固有の差異の構造が存在する。観察点をすっぽりと包み込む包囲光における、こうした方向による差異の構造のことを「包囲光配列」と呼ぶ。

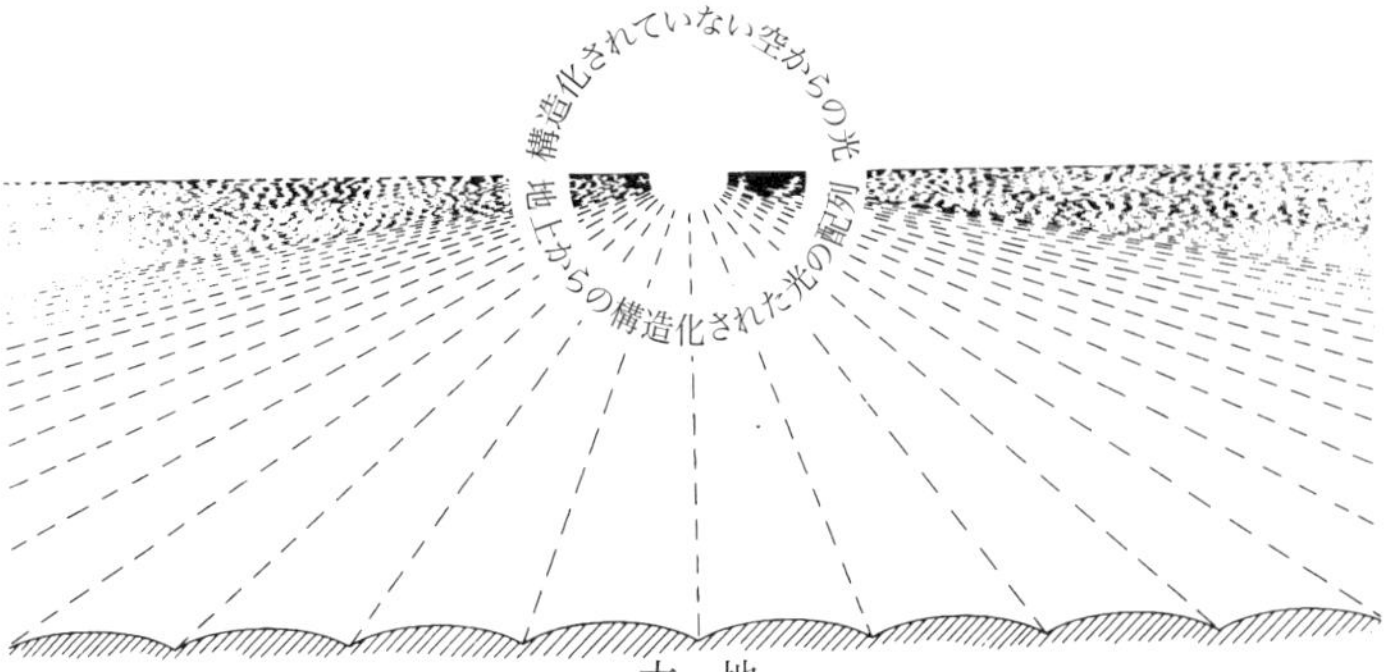

図3-3　地上の野外の観察点における包囲光配列
(Gibson, 1979：古崎ほか訳，1985より)

たとえば野外では、包囲光配列は、まず地平線を境に、空と地面のふたつの半球に分けられる（図3-3）。さらに下方の地面と対応する半球には、山脈、峡谷、木、葉、葉脈といった異なるサイズの構成要素と対応する立体角が入れ子になって階層をなしている。

現実の環境に、余白はどこにもない。観察点を全方位から取り囲み、球状に閉じている包囲光配列は、観察点を共通の頂点とする入れ子になった立体角群の複合として記述できる。観察点が環境内を移動するとき、包囲光配列をなすこれらの立体角群には、システマティックな変化が生じる。このような「変化」は同時に、立体角の並び順や共変関係といった、観察点の局所変動に依存しない、包囲光配列の「不変」な特徴をも浮かび上がらせることになる。

空気の中に生まれる包囲光に包まれた眼をもつ動物

は、地上の空気中の観察点に眼を据えたり、異なる観察点のあいだを動きまわったりすることによって、当の観察点のまわりにすでに存在している秩序やパターンを「見る」ことができる。さらに、動きまわることによって、観察点のまわりに生じている光の配列の、さまざまな変化と不変を検知することができる。

もし仮に、感覚受容器に入力されるエネルギーとしての放射光から、「見る」活動を考えようとするのであれば、感覚受容器に入ってくるばらばらな刺激のモザイクを、統合し、体制化するプロセスをどうしても想定せざるを得ない。

しかし、「見る」ことが、受容器へのばらばらな刺激を前提としているのではなくて、空気中の観察点を包囲する光の配列の構造を前提としているとしたらどうなるだろう。このとき、「見る」ことの能動性は、感覚受容器への入力「以降」のプロセスへと閉じ込めることはできない。その能動性はむしろ、空気中の観察点を包囲する光の配列を足場として、その変化や不変を検知し、識別する動物の活動がまるごとかかわるものとなる。

ギブソンは、受容器へと入力される構造をもたないエネルギーとしての放射光ではなく、空気の中に生まれ、まわりにあるものに対応した構造をもつ包囲光こそが、わたしたち動物が能動的に「見る」活動を可能にしている「光」だと考えた。

変化と不変

一九七九年に公刊された最後の著作のなかで、ギブソンは空気が地上動物の知覚にもたらす機会について考察している。

空気は地面や氷のような固体とちがって抵抗が小さく、そのために空気中にある粒子が動き、移動し、拡散することを可能にする。

よく言われるように、真空中に音はない。地上環境では、空気と接する表面の振動をともなうある種の出来事によって、空気は圧縮され、空気の微小な粗密の場が生まれる。空気中の観察点をとりまく振動エネルギー場の配列は、空気中の粗密の場を生み出した音源や、当の音源と観察点との位置関係などに対応する構造をもつ。

また、空気中には、空気に接している地上のさまざまなものやその変化から化学物質が気化して放散される。一時的に空気中に形成される化学物質の雲は、やがて四方に拡散して空気は均質化していく。抵抗が小さく、分子や微粒子が拡散することを可能にする空気の性質は、空気中に化学エネルギーの勾配を生む。

さらに空気は、わたしたち動物という粒子が動き、揺れ、移動し、拡散することもまた可能にする。空気はわたしたち地上動物にとってもまた、移動の媒質となっている。

つまり、空気にそなわった独特の性質は、（一）空気中のあらゆる観察点を包囲するさまざまなエネルギー配列の勾配や構造を生むとともに、その中を（二）動物が移動することを可能にしている。

これらふたつのことの組み合わせは、わたしたち動物がまわりや自己について「知る」活動に、いったい何をもたらすのだろうか。

（A）空気中にあらゆる観察点を包囲するエネルギー配列が存在し、なおかつ、（B）その中を動物が移動するならば、（C）そこには移動にともなうエネルギー配列の構造の変化が常に存在する（AかつBならばC）。このことは言い換えると、見たり、聴いたり、嗅いだりするわたしたちの知覚の第一の直接与件は、空気中の複数の観察点を包囲するエネルギー配列構造の「集合」であり、観察点の移動がもたらす、空気中の包囲エネルギー配列の構造の「変化」であるということを意味している。

この事実が示唆することについて、もういちど視覚の例に戻って考えてみよう。

空気の中の観察点を包囲する光の配列は、観察点を共通の頂点とする入れ子になった立体角群の複合として記述することができる。おなじ環境でも「ここ」からの見えと、「そこ」からの見えが異なるように、包囲光配列は、それぞれの観察点に固有な立体角群の組み合わせからなっている。そのために、観察点が環境内を移動するとき、包囲光配列をなす立体角群は、移動の経路に特有の、システマティックな構造の変化を見せる。そして、おなじ環境の側面と対応する包囲光配列の立体角の組み合わせには、観察点とその移動経路に応じて、文字通り無数のヴァリエーションが存在する。

しかし、空気中を観察点が移動するとき、変化するとは言え、ミキサーにかけられたように、包囲光配列を構成するすべての立体角群が入り乱れてゴチャマゼになってしまうわけではない。逆説的だが、このような変化があってこそ、その存在が浮き上がってくる不変量も存在する。観察点の移動がもたらす構造の変換を通して、立体角群の並び順や共変関係といった、観察点の移動に依存しない、まわりの環境にある構造に由来する「不変」な構造もまた一方で浮かび上がってくる。このとき、観察点の変化に浮かび上がる、観察点の変化に依存しない「不変量（invariants）」は、環境の表面の構造に由来する。

おなじ環境の表面の構造と対応する、包囲光配列の構造の「変化」や「集合」が与えられるとき、視点の違いによる見え方の変化と、環境内で起こっている出来事とが、混同されることはない。というのも、そこには視点の違いがもたらす変換とは独立した、環境にあるものの知らせとなる「不変」な構造が、同時に現れるからである。

「不変」な構造の具体例をひとつ見てみよう。

たとえば目の前に、穴のあいた開口部があるとする。あるいは、おなじ輪郭をもった障害物があるとする。このとき、開口部と障害物は、どうやったら見分けられるだろうか。

近づくにつれて、もし当の輪郭の内側にどんどん新しいものが見えてきて、景色が開けてきたら、そこは開口部である。もし輪郭の外側の景色が徐々に隠れていったら、そこには障害物がある。ちょっと離れてみたとき、もし輪郭の内側の景色が徐々に隠れていったら、そこは開口部である。もし輪郭の外側の景色が徐々に現れてきたら、そこには障害物がある。

図3–4　ルビンの盃
（Rubin, 1915より）

これらは、観察点の前後への移動にともなう包囲光配列の構造の変化があってこそ、その存在が浮き上がってくる「不変量」であり、それぞれ障害物と開口部をあいまいさなく特定する。一方、閉じた輪郭そのものは、両者の違いを特定することはできない。

これは「ルビンの盃」と呼ばれる、有名な錯視図形があつかっていた問題である（図3–4）。この図形を眺めていると、おなじ輪郭を見ているのにもかかわらず、盃という物体が見えたり、ふたりの女性の顔のあいだに開いた開口部が見えたりする。

しかし実際は、そこに女の人や盃が存在するとき、ふたりの顔のあいだに「開口部」がある場面と、盃のような物体あるいは「障害物」がある場面とでは、観察点の移動にともなう変換を通して浮かび上がる包囲光配列の「不変量」ははっきりと異なる。

ルビンの盃の知覚が多義的なものとなるのは、そこに「ない」女性の顔や盃を間接的に描いた輪郭のみが与えられている「画像に示されたもの」の知覚という特殊な状況に由来する。もちろん、「画像に示されたもの」の間接知覚に特有な現象を、余白のない包囲エネルギー配列と、観察点の移動にともなうその構造の変化が与えられている「環境にあるもの」の直接知覚へと一般化することができないことは言うまでもない。

移動のコントロール

空気は動物の「移動」を可能にする。

わたしたち動物の「移動」はからだの動きをしばしばともなう。しかし、飛行機に乗るときのように、からだを動かさずとも、座っているだけで地球の裏側まで移動してしまうようなこともある。あるいは逆に、トレッドミルの上を走るスポーツ選手や、『鏡の国のアリス』に登場する女王が言うように、移動していないのに、「おなじ場所にとどまっておりたければ、力のかぎりはしらねばならんのじゃ（キャロル著、脇訳、二〇〇〇、五八頁）」ということもあったりする。

「移動」ということばは、からだの動きそのものを指すことばではない。それは、外部に対して動物のからだがむすぶ、相対的な関係の変化を指すことばである。

わたしたちのまわりには、わたしたち動物のふるまいと比較して、持続した構造をもつ部屋や家、町や街路、山や地面がある。「移動」とは、これらの環境の比較的持続する側面に対して、相対的に動物のからだが「移り動く」という関係の変化である。

他方、「移動」と対をなすことばとして、「姿勢」ということばをギブソンは置く。「姿勢」は、環境の比較的持続する側面に対して、わたしたち動物がなんらかの相対的な関係を保つ活動である。この意味では、トレッドミルの上から落ちないように走るスポーツ選手や、花の蜜を吸うときに空中でホバリングするハチドリは、見方によっては、からだを懸命に動かすことで、「姿勢」を保っているといってもいい。「移動」がからだの動きとおなじことではないように、「姿勢」もまた、からだが「静止」することではない。

からだの動きそのものへと還元することのできない、わたしたち動物の「移動」と「姿勢」は、からだの内部から一方的に処方できるものでもなければ、まわりの環境から一方的に強いられる反応でもない。それは、からだと環境のなんらかの側面とのあいだの独特の「関係」を調整することによって、はじめて可能になることである。

ではいったい、動物とそのまわりの環境との「関係」を調整することは、なにが可能にしているのだろうか。

もういちど、開口部と障害物の例にもどってみよう。たとえば、開口部を探して、その中にわたしたちが入ろうとするとき、そこに開口部があることを知り、みずからのふるまいと開口部との関係を調整することを何が可能にしているのだろうか。

巣穴や洞窟、小屋のような閉じた場所に入ることは、さまざまな益をもたらす。そこは暖かい場所であり、雨や風をしのぐシェルターであり、寝る場所でもある。そこはしばしば家族とともに住まう住居となる。そこはまた安全な場所であり、敵から逃れ、敵の移動の障壁となる隠れ場所となる。閉じた場所に入るには、開口部が必要であり、開口部がどこにあるかを見つける必要がある。その法則は次のようなものだ。閉じた場所の中に入るには、その開口部の立体角を一八〇度まで拡大して景色が開けるようにせよ。その際、かならず輪郭の内側に構造の添加がおこることを確認せよ。もし立体角の拡大にともない輪郭の外側で構造が削減する場合、障害物に衝突することになる（Gibson, 1979, p.234）。

先に見たように、わたしたち動物は動きまわって、空気中の観察点における光の配列の立体角の内側に新しいものが見えてくるかどうかに注意を向けることで、そこにある開口部を障害物から区別することができる。さらに、わたしたちは移動して、当の開口部と対応する立体角を一八〇度まで拡大させたり（開口部の中に入ったり）、開口部と対応する立体角をある程度の大きさにとどめたり（手前で踏みとどまったり）、開口部と対応する立体角を縮小させたり（引き返したり）することによって、そこにある開口部と、みずからのふるまいとの関係を調整することができる。

観察点を包囲する入れ子になった立体角群そのもの（つまり、見えるもの）は、「いま、ここ」に固有なものだ。そして、観察点を動かしたときに起こる立体角群の変化の仕方（見えるものの変化の仕方）は、環境内のみずからの移動経路、すなわち、そこにある開口部との関係の推移の仕方に固有なものである。

その一方で、観察点を動かしたときに起こる立体角群の変換を通して浮かび上がる「不変」（たとえば、ある立体角の縁の外側の構造の順序が保たれつつ、縁の内側に構造が添加されていく独特のパターン）は、「いま、ここ」の観察点やその変化とは独立した、「開口部」という環境の構造を特定する。

たとえばミツバチがふわりと花の上にとまるとき、ミツバチは（一）花と対応する立体角の拡大の仕方によってみずからと花との接触の差し迫り具合を「見る」。と同時に、（二）みずからの飛行にともなう変化を通して浮かび上がる立体角の順序の不変や、観察点の変化と独立した揺れのパターンの不変に、そこに着地することができる花があることを「見る」。

「変化」と「不変」、あるいは「みずからの移動」と「持続する環境」というふたつのことを、わたしたち動物はいっぺんに見ることによって、「移動（あるいは姿勢）」をコントロールしている。

ひとつのことからふたつがわかる、ということに、もしかすると疑問をもつ向きもあるかもしれない。でも、目の前のカップでもなんでもいいから、動かしてみれば疑問はたちまち氷解する。カップを動かす「ひとつ」の出来事から見えるのは、（一）不変なカップと、（二）カップの動き、という「ふたつ」なのだ。あるいはカップをテーブルにおいて、頭を動かしてみてもいい。そのときに見えるのは、やはり（一）不変なカップと、（二）自分の頭の動きという「ふたつ」だろう。

空気中のどの観察点のまわりにも、その観察点に固有の光やその他のエネルギー配列が存在する。そしてその空気は同時に、動物が動きまわることのできる、動物の移動の媒質でもある。このとき、動物に与えられているものは、（一）移動にともなうエネルギー配列の構造の変化と、（二）そこに浮かび上がる不変という、「ふたつ」である。

わたしたちにとって、空気は、あまりに透明な存在である。しかし実際は、その固有の性質が、空気中の観察点のまわりに、環境について知らせるエネルギー配列をもたらしている。このような「媒質」としての空気こそが、わたしたちが環境を見たり、聴いたり、嗅いだりすることを可能にし、さらに移動や姿勢といった環境との関係を調整することを可能にしている。

3　変異の法則

食物を探す移動

　電車に乗ったりしてまわりを見まわすと、自分も含めて、ずいぶんたくさんの人が携帯電話やスマートフォンの画面をのぞき込んだり、小さな本を読んだりしている。現に今もわたしは、家の近所の行きつけの喫茶店の片隅で小さなノートパソコンに向かってこの原稿を書いている。

　狭い画面を通して、多くの情報を探索することに慣れている現代のわたしたちにとって、みずからを全方位から包む環境のエネルギー配列の場について実感することは、なかなか難しい。でも、ためしに、小さな画面から目をあげてみる。そして、まわりに何があるか、知った顔でもいないか、ちょっと探してみる。そのときに、はっと気がつくことがある。それは、自分が頭を動かしている、という事実である。

　もういちど人間を離れて、あらためてこの事実について考えてみよう。

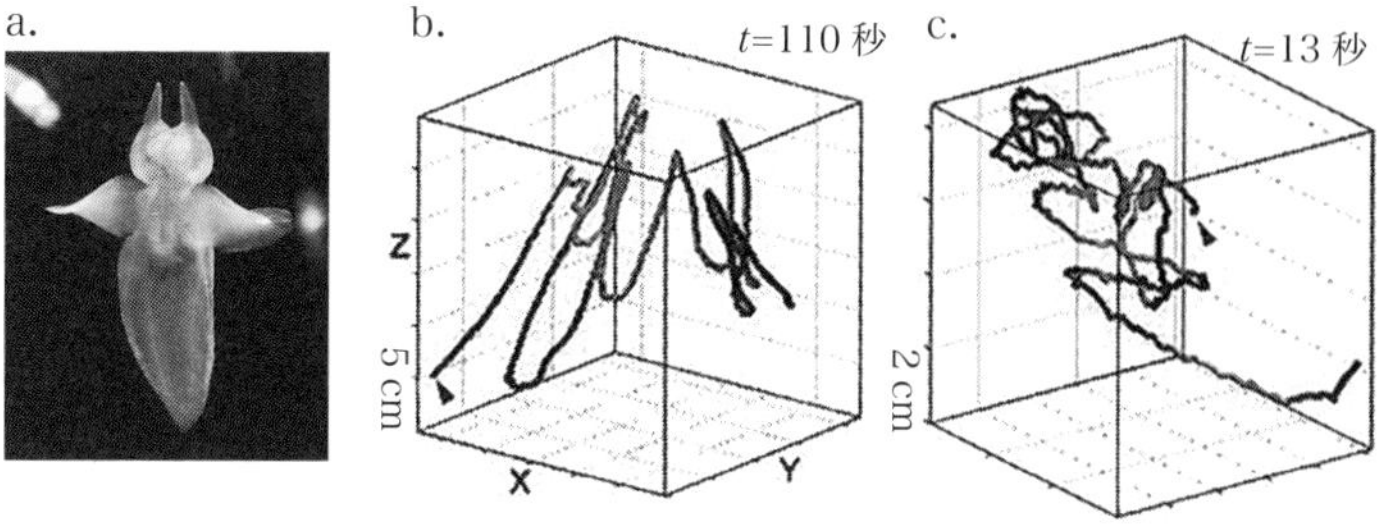

図3-5　a. クリオネ（ハダカカメガイ）〔写真提供　海遊館〕，b. 浮遊しているクリオネの移動の立体的軌道（110秒，1マス5cm），c. 獲物が近くにいるときのクリオネの移動の立体的軌道（13秒，1マス2cm）（Levi et al., 2004より）

クリオネ（ハダカカメガイ）と呼ばれる、北の海に棲む数センチほどの大きさの海洋生物がいる。クリオネは、ふたつの翼のような足をときに動かして、海中でほぼ常に重力方向にからだの向きを保ち、ある一定の深さのところに漂いながら生活している（図3-5a）。一見天使のように見えるが、クリオネは実は肉食動物である。視覚は未発達だが、匂いによって獲物（近縁のプランクトン）を見つけると、いつもはゆらゆらと一カ所に漂っているクリオネの様子が一変する。視覚が未発達なせいもあってか、近くに獲物がいることを知ると、クリオネの泳ぎは、なにかにまっすぐ向かうというよりは、向きを細かく変えながらまわりの領域を効率よくカバーしていく、まるでブラジルのサッカー選手のドリブルのようなきわめて複雑な軌道を描く（図3-5c）。このとき、翼足の羽ばたきの周波数は普段の三倍にものぼり、それは頭部から伸ばす六本の触手で獲物を抱え込むことに成功するまでつづく。

クリオネが泳ぐ軌道がまわりの立体的な領域をどのようにカバーしているかを、フラクタル次元と呼ばれる指標によって測ると、ふだん漂っているとき（一・八五）に比べて、獲物を探しているときの軌道のフラクタル次元（二・九〇）ははるかに高い（Levi et al., 2004）。このことは、クリオネがハンティングするとき、その泳ぎがまわりの立体的な領域をくまなくカバーするような泳ぎへと変化していることを意味している。

もうひとつ、動物が食物を探す場面を見てみよう。

南半球の離島に暮らすアホウドリの仲間は、海面にいるイカや魚を探して食べる。アホウドリがエサを探して飛び立ってから海面に着水するまでの飛行距離を見ると、大きく分けてふたつのパターンが見られる。ひとつは、一回の飛行距離（離水から着水まで）の生起確率が指数分布にしたがう、ランダムなブラウン運動のようなパターン。もうひとつは、きわめて長い距離の移動がごくたまに起こる一方で、短い距離の移動がしょっちゅう起こるような、ある飛行距離 l が生起する確率 $P(l)$ が l の μ 乗に逆比例する（$1<\mu\leq 3$）逆べキ分布にしたがうパターン。後者の飛行パターンはレヴィ飛行と呼ばれ、まわりの領域を細かい目で埋めていきながらも、たまに大きな移動が入るために、ブラウン運動のような飛行パターンよりもおなじところをふたたび訪れることがずっと少なく、速く広い領域をカバーする（図3

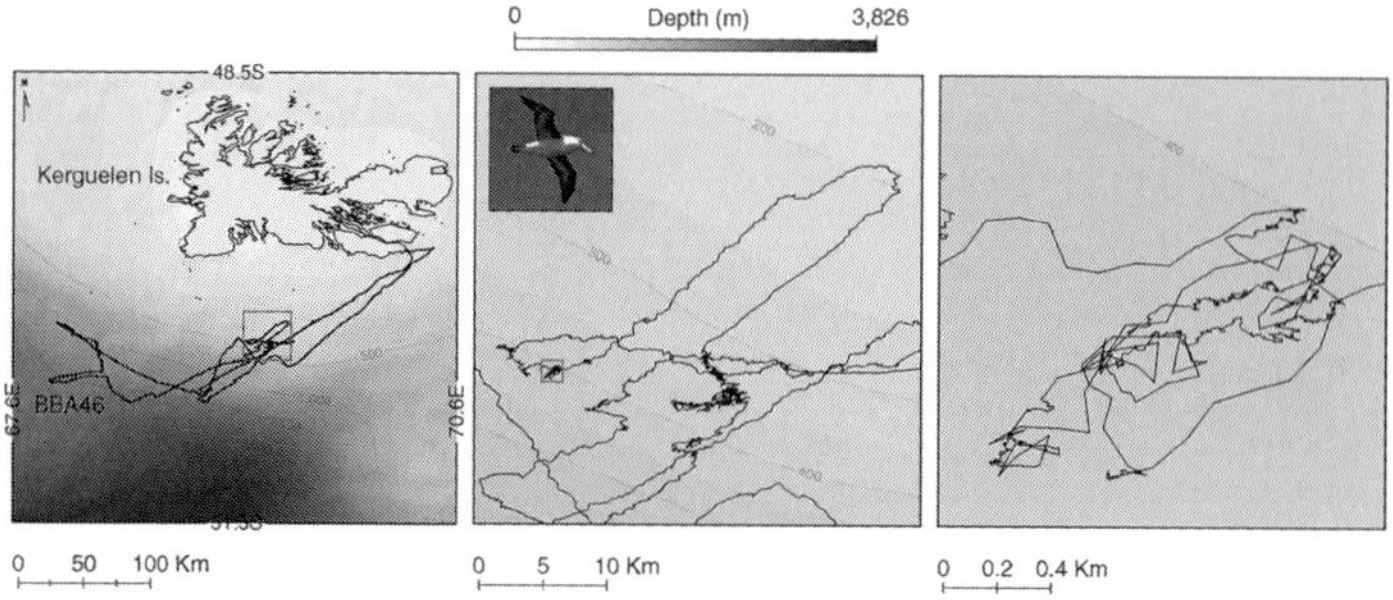

図3-6　異なるスケールで見たアホウドリの索餌飛行の軌道（Humphries et al., 2012より）〔出所　Humphries, N. E., Weimerskirch, H., Queiroz, N., Southall, E. J., & Sims, D. W. 2012 Foraging success of biological Levy flights recorded in situ. *Proceedings of the National Academy of Sciences*, 109 (19), 7169-7174.〕

─6）。

面白いのは、これらのふたつの飛行パターンが、状況とセットで起こることである。アホウドリのブラウン運動のような飛行パターンは、植物プランクトンが豊富な（つまり、それを食べる生物たちが一様に分布する）浅い島棚付近を飛びまわるときに現れる。一方、レヴィ飛行のパターンは、植物プランクトンの分布が一様ではなく、点在する食物を探す必要がある深い島棚斜面や外洋付近で生起する。

移動の拡散過程の特徴に注目してアホウドリの研究をはじめておこなった（ただし、最初の研究にはデータの誤りがのちに見つかった）ヴィスワナタン（Viswanathan, G. M.）たちは、（一）食物が点在していて、（二）そこを一度訪れても食物が枯渇しない、というふたつの条件のもとでは、レヴィ飛行がもっとも効率の良い食物探しの方略であるという仮説を数理的に示した(Viswanathan et al., 1999)。この仮説は「レヴィ飛行索餌仮説」と呼ばれる。これまでミツバチ、ミバエ、マルハナバチ、チョウ、ガ、砂漠アリ、クローバールートゾウムシ、カタツムリ、トナカイ、シカ、ジャッカル、クモザル、ゾウ、ヤギ、渦鞭毛藻(遊泳する単細胞藻類)、サメ、ハイイロアザラシ、マンボウ、マグロ、カジキなどの動物について、この仮説がどの程度あてはまるのかが検討されてきており、その一般性や示唆については現在、活発に議論されている(c.f., Humphries et al., 2010)。

たとえば、レヴィ飛行索餌仮説がよくあてはまることで知られるホオジロザメは、どちらに進んでも食物があるようなアザラシのコロニーや魚の群れの中ではブラウン運動型のランダムな移動を示し、点在する食物を探して移動するときにはレヴィ飛行型の移動パターンへと、その泳ぎ方を変化させることがわかっている(Sims et al., 2012)。

動物は、まわりに独特の仕方で分布する食物と「食べる」という特定の関係をむすぶことに向けて、環境内を移動し、環境との関係を変化させていく。それは、クリオネだろうと、アホウドリだろうと、ホオジロザメだろうと、人間だろうと変わらない。右の事例が示唆しているのは、なにかを探して移動するときの環境との関係の変化の仕方には、まわりの資源の分布に応じた、ある種の法則性が見られる場合がある、ということだろう。

コラム　異常拡散とハースト指数

もはや自分が向かっている方角がわからないほどにベロンベロンに泥酔した酔っ払いが、右へ行くやら左へ行くやら後ろに下がるやら、一歩一歩まったくでたらめに歩いている。

この酔っ払いが歩幅一メートルで、まったくでたらめな一万歩の千鳥足を繰り返したとする。もちろん、仮にまっすぐに歩いていれば一万メートル先の地点に達しているはずだ。しかし千鳥足ではそうはいかず、酔っ払いが歩を進めるにつれて、出発点からの距離はとてもゆっくりと増えていく。実際のところ、もしほんとうにまったくランダムに歩を進めたとすると、この酔っ払いは歩数の平方根、すなわち出発点から百メートルの地点付近にいる可能性が高い。

なぜそうなるのか。

仮に酔っ払いを、すごろくのように正方形に区切ったマスの上をランダムな方向に進むコマだと考えてみる（図3-7a）。そしてこのコマが、あるマスから辺を共有して隣りあった四方のマスのうちのひとつに一秒ごとに歩を進めていくとする（c.f., Kolmogorov et al., 1995　図3-7b）。

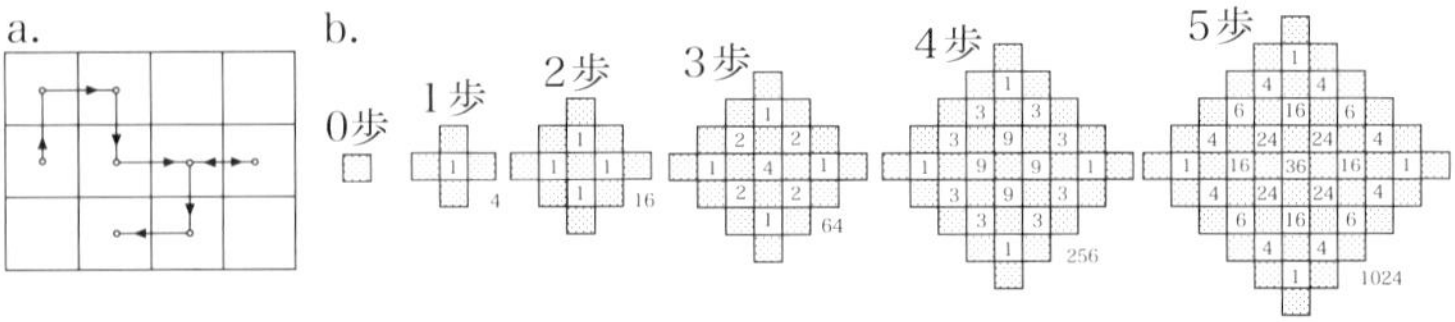

図3-7　a. コマを進む酔っ払いの千鳥脚，b. 0歩，1歩，2歩，3歩，4歩，5歩進んだときの可能な経路の数
(Kolmogorov et al., 1995：丸山・馬場訳，2003より)

最初の一秒間では、スタート地点から、上下左右に隣りあう四つのマスのいずれかひとつに進む経路はそれぞれ一通りに限られる。つまり、最初の一秒で、コマは四通りの異なった進み方ができる。

では、二秒経ったときはどうだろう。二秒あれば、最初の地点に四通りの仕方で戻ることができる（つまり、四つの隣り合うマスのひとつに、それぞれ一通りの仕方で進んで、そのまま来た道を戻ることができる）。さらに、最初のマスの対角線上にある四つのマスのそれぞれに、それぞれ二通りの仕方で進むことができる。また、四方の隣りあったマスからさらに遠くの四つのマスにそれぞれ一通りの仕方で進むことができる。これらをあわせると、最初の二秒間で、コマは全部で一六通りの進み方ができる。

さらに最初の三秒間ではどうだろう。上下左右のいずれかの方向に方向を変えずにまっすぐ進み続けたとき、その行き方はそれぞれ一通りに限られる。最初のマスと辺を共有する四つのマスには、それぞれ九通りの仕方で進むことができる。さらにこれらの四つのマスから対角線方向にある外側の八つのマスには、それぞれ三通りの異なる仕方で進むことができる。これらをあわせると、最初の三秒間で、コマは全部で六四通りの進み方が可能だ。

おなじように数えていくと、最初の四秒間では可能な異なる経路は二五六通り（図3-7b　4歩）、五秒間では一〇二四通りとなり（図3-7b　5歩）、可能な移動経路の数は、時間tとともに増加し、4のt乗となっている。

マスの一辺の長さを一とすると、t秒進んだときの最初の位置からの距離がtとなるのは、方向を変えずに一直線に進んだ場合に限られる。たとえば五秒経過したときに、開始点からの距離が五となる進み方は一〇二四（4^5）通りのうちの四通りにすぎないが、開始点からの距離が一となる（つまり隣り合う四つのマスにコマがいる）進み方は四〇〇通りとなる。

ここで、任意のtの値において、すべての進み方が等しい実現可能性をもっていると仮定してみる。たとえば二秒間で、スタート地点からの距離がゼロになる（コマが最初のマスに戻る）進み方は一六（4^2）通りのすべての可能な経路のうち四通り、距離が$\sqrt{2}$になる（対角線方向の外側の四つのマスにいる）進み方が八通り、一定方向に二歩進んで距離が二となる確率が四通り存在する。これら一六通りのすべての経路におけるスタート地点からの距離の二乗の平均値を計算すると、次のようになる。

$$\frac{(0^2\times4)+(\sqrt{2}^2\times8)+(2^2\times4)}{16}=2$$

おなじように数えて計算してみると、三秒間経過したときのすべての可能な経路の距離の二乗の平均値は三、四秒間経過したときは四、五秒間経過したときは五になり、任意の時間に対して、すべての可能な経路における開始点からの距離の二乗の平均値は、時間に比例して線形的に増えていく（c.f., Kolmovorov et al., 1995）。

このように、酔っ払いの千鳥足のような、一歩一歩が独立したランダムな歩みでは、原点からのずれの二乗の平均値が時間に比例して線形的に増えていく。ランダムな動きによって、移動距離の二乗の平均値が時間と比例して（つまり、平均移動距離が時間の平方根と比例して）増えていくような拡散を「通常拡散」と呼ぶ。他方、通常拡散にしたがわない拡散を広く「異常拡散（anomalous diffusion）」と呼ぶ（Shlesinger et al., 1993）。時間に対して平均移動距離がどのように増えていくかは、一般に平均二乗変位 $\langle x^2\rangle$ と時間 t とのあいだの関係を示すハースト指数Hによって表される。

$$\langle x^2\rangle \sim t^{2H}$$

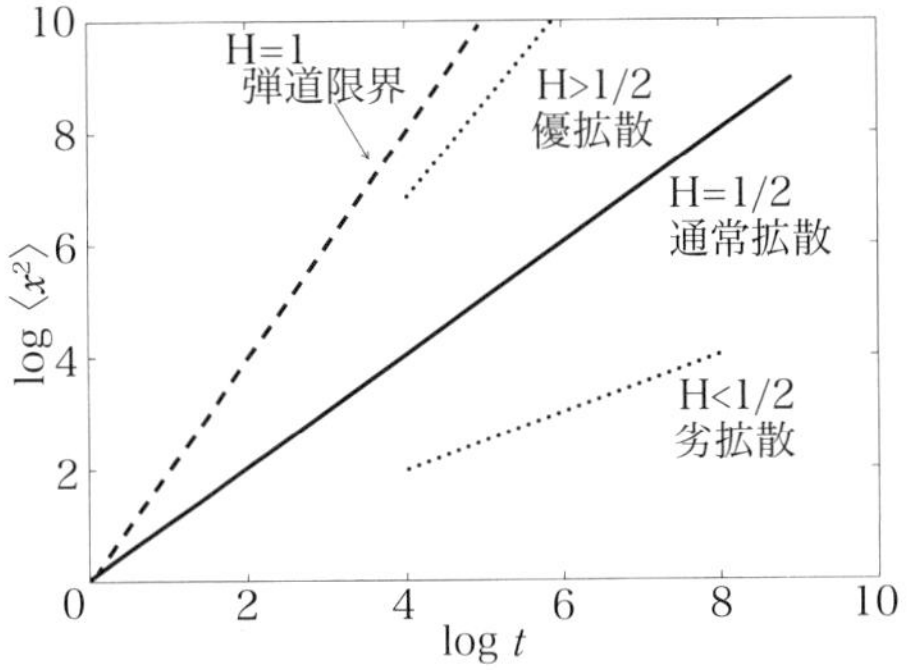

図3-8　ハースト指数（H）が特徴づける拡散プロセスの性質（Viswanathan et al., 2011より）

通常拡散であれば、平均二乗変位は時間と比例して線形的に増えていくので、ハースト指数は1／2となる。平均二乗変位が時間とともに線形より速くベキ的に増大する異常拡散（1/2<H≤1）を特に「優拡散（superdiffusion）」、線形より遅くベキ的に増大する異常拡散（0<H<1/2）を「劣拡散（subdiffusion）」と呼ぶ。一定方向に動き続けるような弾道的な動きでは、ハースト指数は1より大きくなる（図3-8）。

さて、件の酔っ払いは道中、財布を落としたことに気がついた。さっと酔いがさめ、正気をとりもどすと、彼は落とした財布を探して、あたりをしらみつぶしに歩きはじめる。このとき、財布を探す酔っ払いの歩みは、どんな性質を見せるだろう。おそらく、彼の歩みはもはや、それまでのように一歩一歩が独立したランダムな千鳥足ではなく、それまで探していないところなどに優先して向かうだろう。かといって、財布のありかがわからない以上、目的地に向かって一定方向にずっと直進しつづけるわけでもないだろう。

もうひとつ例を挙げよう。たとえば、手にした道具の先端や先端が触れるモノの感触をさっと探るとき、わたしたちの手はどんなふうに動くだろう。こうした感触は、一定の力を加えたり、一定の速度に達すれば得られるというものではなく、力や速度の変換を通して抵抗を浮かび上がらせるようなプロセスをともなう。しかし、たとえ一定の方向に向かうものではないにしても、探るプロセスが偶発的な動きの連鎖から成っているとは必ずしもかぎらない。

あるいはもしかすると、これらの「探る」動きには、なんらかの法則性が見られるのだろうか。もし見られるならば、それは、まわりの状況をどのように映し出すのだろうか。

探る動きの時間構造

わたしたち動物が見せる、まわりや自己について「知る」活動について、知られる対象と対応する「不変」を浮かび上がらせる、「探る」動きの特徴から検討することはできないだろうか。

たとえば、手にした道具の先端や手足の向きや配置を探る場合について考えてみる。

手にした道具を探るとき、知覚者の注意の向けどころは、探るときの動き方にネガのように表れる。ためしに、金槌でももって、目で見ないで金槌の長さを探るときと、金槌の先端の金属部分の幅を探るときとのあいだで、手の動き方をくらべてみるといい。おそらく、前者では手首まわりに金槌の先端をゆらすような動き、後者では金槌の長軸を軸として回転させるような動きが見られるだろう。いずれにしても、前者と後者では、自覚はなくても、探索する手の動き方がまったく異なるはずだ。

道具などを手にしたとき、それを動かす回転軸まわりにかかるトルクは、道具の動かし方によって刻々と変化する。だが、トルクが変化しても、わたしたちは、道具が手の先に伸びたり縮んだりするようには知覚しない。むしろ、みずからの動きに依存するトルクの一連の変換を通して、みずからの動きに依存しない、探られている対象と対応する「不変量」の方に注意が向く。これまでの研究では、手にした道具の長さや幅の知覚においては、動かすことではじめて現れる「回転軸まわりの抵抗（慣性モーメント）」が、対象について知らせる「不変量」となることがわかっている（Turvey, 1996）。

スティーヴン（Stephen, D. G.）たちは、手にした道具の先端の位置とその幅を探るときの手の動きを検討した（Stephen et al., 2010）。彼らの問いは、知覚とむすびつく不変量はなにかということではなくて、不変量を浮かび上がらせる素地となるさまざまな変換をもたらす「動き」には、どのような特徴が見られるのか、というものだった。

実験の参加者たちは、最初に手元を見ないで手にした道具について判定し、続いて判定してから見て確認するということを繰り返してから、最後にふたたび手元を見ないで手にもった道具の先端を探りあてることを求められた。もちろん、たいていの場合、目で実際の道具の先端を確認したあと、ふたたび目で見ないで道具の先端を探ると、判定の精度は高くなっていく。

このとき、道具を探っているときに手の先で生まれている動きは、判定の精度の向上と関係しているのだろうか。スティーヴンたちは、クリオネやアホウドリの索餌研究とよく似た観点から、道具を探る手の動きを、単位時間あたりの移動距離のゆらぎが時間に対してどのように変化していくかという拡散の側面から特徴づけてみた。そして、手の先で生まれている動きのこうした特徴が、その後の判定の精度とどのように関係するのか、両者のあいだの統計的な関係を調べてみた。

彼らが調べてみてわかったのは、時間相関のないランダムな動きよりもゆらぎが速く増える「優拡散」を見せる手の動きが、手に接続された道具の特性を知る精度の向上に役割を果たしているということだった（コラム「異常拡散とハースト指数」参照）。

現在、まわりを探る動きが優拡散の特徴をもつという事実は、視線の動き（Brockmann & Geisel, 2000）や、足などの他のからだの部位に接続されたものを探る場面（Stephen &

Hajnal, 2011）など、いくつか報告されている。
探る「動き」と知覚とのあいだの関係については、まだわかっていないことが多い。スティーヴンたちは、動きの変化にともなうトルクの変換といった、エネルギー配列の変数空間を速く埋め尽くしていく優拡散の統計的性質が、知覚対象と対応する「不変量」を効率良く浮かび上がらせる変異をもたらす可能性を指摘している。

4　具体と出会う探索

朝顔やゴーヤのような支柱をよじのぼる植物の茎やまきひげは、円を描きながら回転して広い範囲をカバーし、「のぼることを可能にするところ」に出くわすと、カウボーイが投げるロープの動きのスローモーションさながらに、ぐるぐると支柱に巻きついて伸びていく。

ふつう、よじのぼり植物が回転する向きは一定である。だが、中には、ビワモドキの一種 *Hibbertia* のように、一方に回転しては、次いで逆向きに回転するといった調子で、回転運動の方向が反転するものもある（Darwin, 1865）。この植物のそばに、一本の棒やひもを置いておいても、回転する向きが反転するために、茎は支柱をのぼることができずにほどけてしまう。よじのぼり植物について調べていたダーウィン（Darwin, C. R.）は、ためしに、一本の支柱のかわりに、たくさんの小枝でこの植物を囲んでみた。すると、その茎は小枝の間を縫うようにしてのぼりはじめたが、他の多くのよじのぼり植物とはちがって上にではなく横に向かって伸びていき、やがてとなりの鉢へと渡ってきた。ダーウィンによれば、この植物は、野生では密生した低木に巻きついてのぼり、その上を横におおうように繁茂するという。

よじのぼり植物の成長にともなう回転運動は、まわりにあるものの配置によって茎の成長の軌道が選択されることを可能にする変異をもたらす（c.f., Ghiselin, 1969）。そして、こうした回転運動それ自体にも個性があり、その個性にもまた、さまざまなスケールの持続をもつまわりの構造（重力、太陽の運行、周囲の植生など）が映っている。独特な構造をもった場所に生まれ落ち、まわりに参入していく中で、よじのぼり植物の成長の軌道は、ローカルな場の具体を映し出す方向性をもっていく。

たとえば、わが家のベランダの朝顔が成長することで生じつつあるかたちは、どこにでも生じ得たものではなく、南向きの古いマンションの六階の手すりから麻ひもを這わせたわが家のベランダで生きている、その朝顔に固有なオリジナルなものである。そこには、独特のまわりとのかかわりを歴史としてもつ朝顔が、ある時点において、この独特の場所がもたらす機会を利用することでしか生じ得なかった、唯一無二の成長の軌道がある。まわりから切り離した朝顔の内部に、その固有の運動の軌道が実際に生まれるに至ったすべての理由を押しつけることはできない。

わたしたち動物もまた、多種多様な制約を与える環境の中に生まれるという点では、よじのぼり植物とかわらない。

そこにはとても長いあいだ続いていることや、いろいろな周期で変化することが入れ子になって存在している。独特な構造をもったまわりに、わたしたちは集団として、また個体として参加していく。まわりに参加していく調整のプロセスの中で、わたしたちのさまざまなふるまいには、みずからのまわりをとりまくローカルな具体が映りこむ。

個人的に、このことを、多少なりとも感じる経験をさせてもらったことがある。

二〇〇八年からおよそ二年間、わたしはHandToMouth（「手から口へ」）と呼ばれるEUの研究プロジェクトに研究員としてかかわった。イギリスの考古学者スティール(Steele, J.) がまとめていたこのプロジェクトは、「道具使用（手）」と「言語（口）」という、一般に人間を特徴づけると考えられてきた技能の進化的ななりたちについて、心理学、生体力学、脳科学、霊長類学、人類学、考古学の研究者たちが連携して模索する学際的な研究プロジェクトだった（詳細は *Philosophical Transactions B*, 2012, Vol.367, 1585参照）。

わたしは、このプロジェクトの八つの研究班のうちのひとつ、フランスの発達心理学者ブリル（Bril, B.）を中心とする、道具を使って石を成形するふたつの技能の発達と継承について検討する研究班に参加させてもらった。この研究班では、現在目の前で起こっている技能について、重力や人のからだがもたらす制約、石が示す独特の割れ方といった、技能をとりまいて長く続いている「具体」との関係を調べるアプローチをとった。「そこに在るもの」の長い持続との関連から技能をとらえることで、きわめて長いスケールで起こった石器づくりなどの技能の発達と継承について、なんらかの示唆を得たいとわたしたちは考えていた。

このプロジェクトでわたしたちが研究した対象は、「普遍的」な知覚研究とはちがう特殊なものと読者の目には映るかもしれない。たしかに、これらの研究では、ふるまいをとりまくローカルな具体の固有性について、考えざるを得ないところがあった。しかし、「まわりとの接触をわたしたちがどうやって調整するのか」という、根っこにある問いに変わりはない。

これから、本書の大きな問いの流れに沿って、同プロジェクトでわたしたちが行った研究をいくつかとりあげてみたい。

ビーズ職人の技能

長いあいだ続いている技能がある。

インドのグジャラート州、カンバートという町では、紅玉随（カーネリアン）や瑪瑙（メノウ）などの石を加工した石ビーズが手工業によって一手につくられている（図3-9）。この付近一帯にはもともと洪水玄武岩からなる溶岩台地が広がっており、良質な紅玉随や瑪瑙などの珪質岩が自然に形成されている。これらの石材を利用する同地域の石ビーズづくりの歴史はたいへん古く、カンバートから八〇キロのところにある紀元前約二千年のものとされるロータル遺跡からは、現在とほとんど変わらない紅玉随と瑪瑙を用いた石ビーズづくりが、すでに本格的にこの地で行われていたことを示す工房の跡が見つかっている。

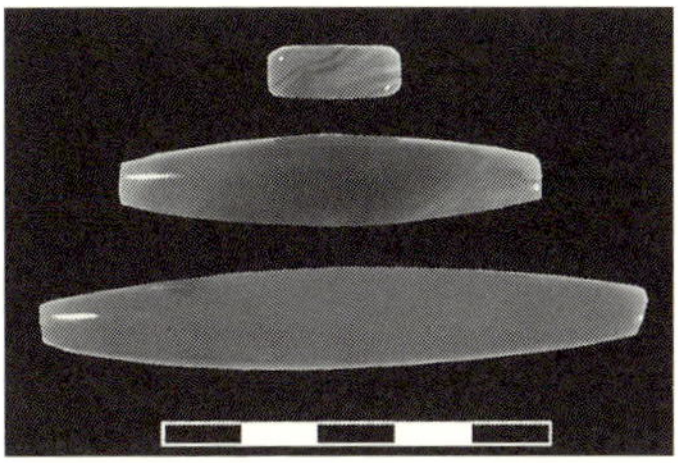

図3-9　カンバートで1990年代につくられた石ビーズ（Roux, 2000より）〔写真　V. Roux〕

一九九〇年の時点で、カンバートでビーズ産業にかかわる人々の数はおよそ二千人、年間につくられる石ビーズの量は二千万本とされ、世界中で流通している（Roux, 2000）。石ビーズづくりは、もっぱら家内制手工業の工房が担っている。工房は生産するビーズの品質からはっきりとランク分けされていて、一流とされる伝統的な工房はそのうちのほんの

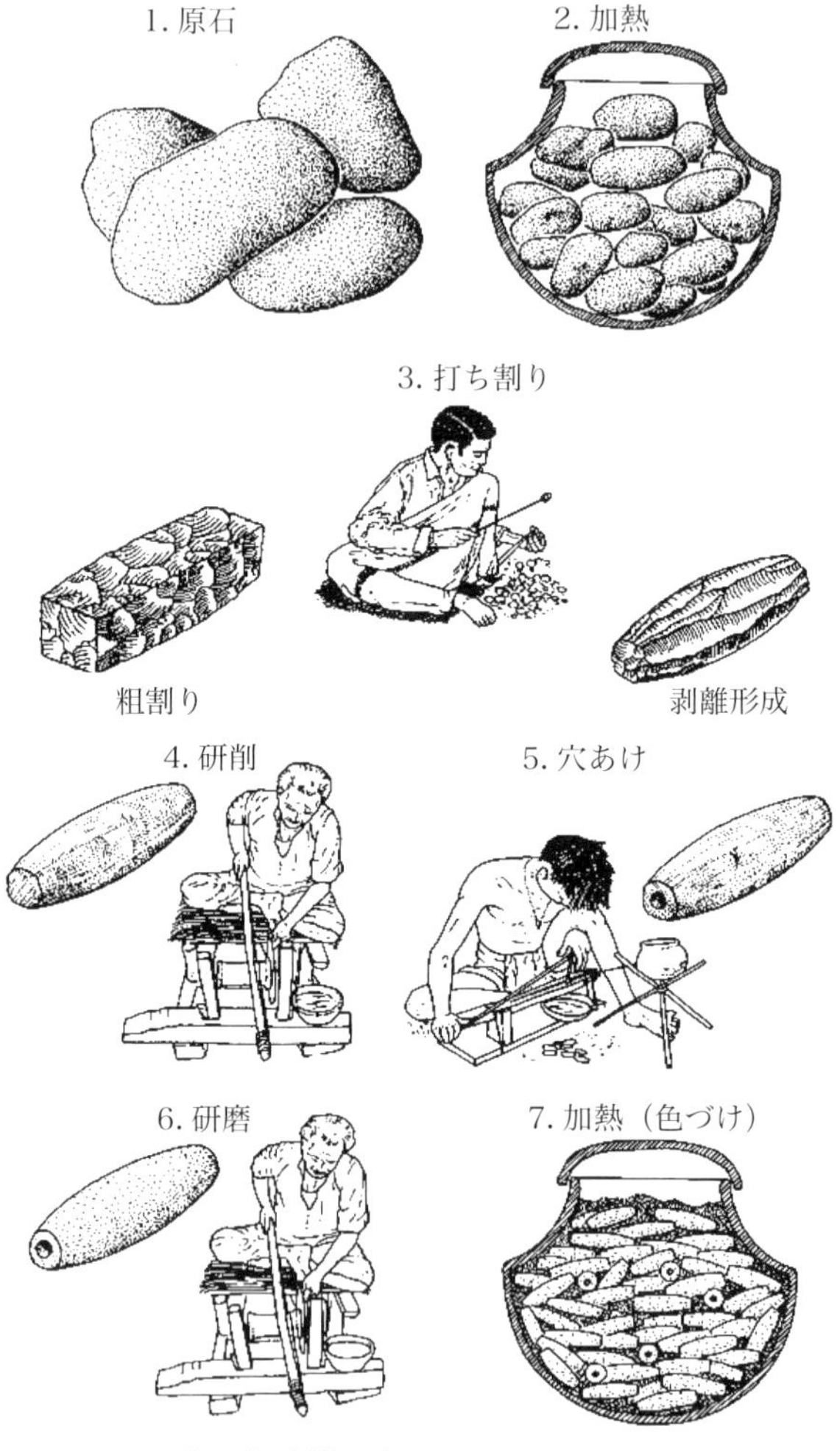

図3-10　石ビーズの制作工程（Roux, 2000, p.39, FIG.5. より）
〔©Gérard Monthel〕

一握りである。

現在、石ビーズ制作は、いくつかの階層的な工程からなりたっている。たとえば、古くから見られる樽型の石ビーズをつくる場合、まず（一）紅玉随の原石を選別し、（二）加熱処理をする。そして、㈢原石から剥片を打ち割って剥離することで樽形に成形する。成形されたビーズはさらに㈣表面が研削され、㈤端のふたつの頂点を貫く穴があけられ、㈥磨かれ、㈦色を出すためにふたたび加熱される（図3-10）。

このうち、機械化が決してできない工程が㈢の打ち割りによる成形である。打ち割りによる成形では、まず、（A）原石は、つくられるビーズとだいたいおなじサイズのおおまかな直方体に粗く分割される。つづいて、（B）この割られた粗い直方体型の原石の八つの角が打ち割られて剥離され、なめらかな細長い樽型へと成形される。原石を叩いて打ち割るという不可逆なプロセスを通して繊細な楕円のかたちをつくっていく後者の工程は、石ビーズづくりの成否を分ける重要な工程となっている。

剥片の剥離は、地面に突き立てて固定された鉄製の尖ったピン（長さ約五〇センチ、太さ約二センチ）と、水牛の角と木で作られたハンマー（先端部分の重さは約一二グラム、柄の長さは約三五センチ）というふたつの道具を用いて行われる（図3-11a）。ハンマーをもつ手と逆の方の手で原石の割りたいところをピンの尖った部分にあてながら、原石を反対側からハンマーで叩くと、ピンとあたった部分から原石が剥離されていく。

ただし、その作業はおそろしく速い。ハンマーは連打するような格好で常時振動させられており、もう一方の手は片手で原石をめまぐるしく反転させてピンの上に的確に打ち割る部

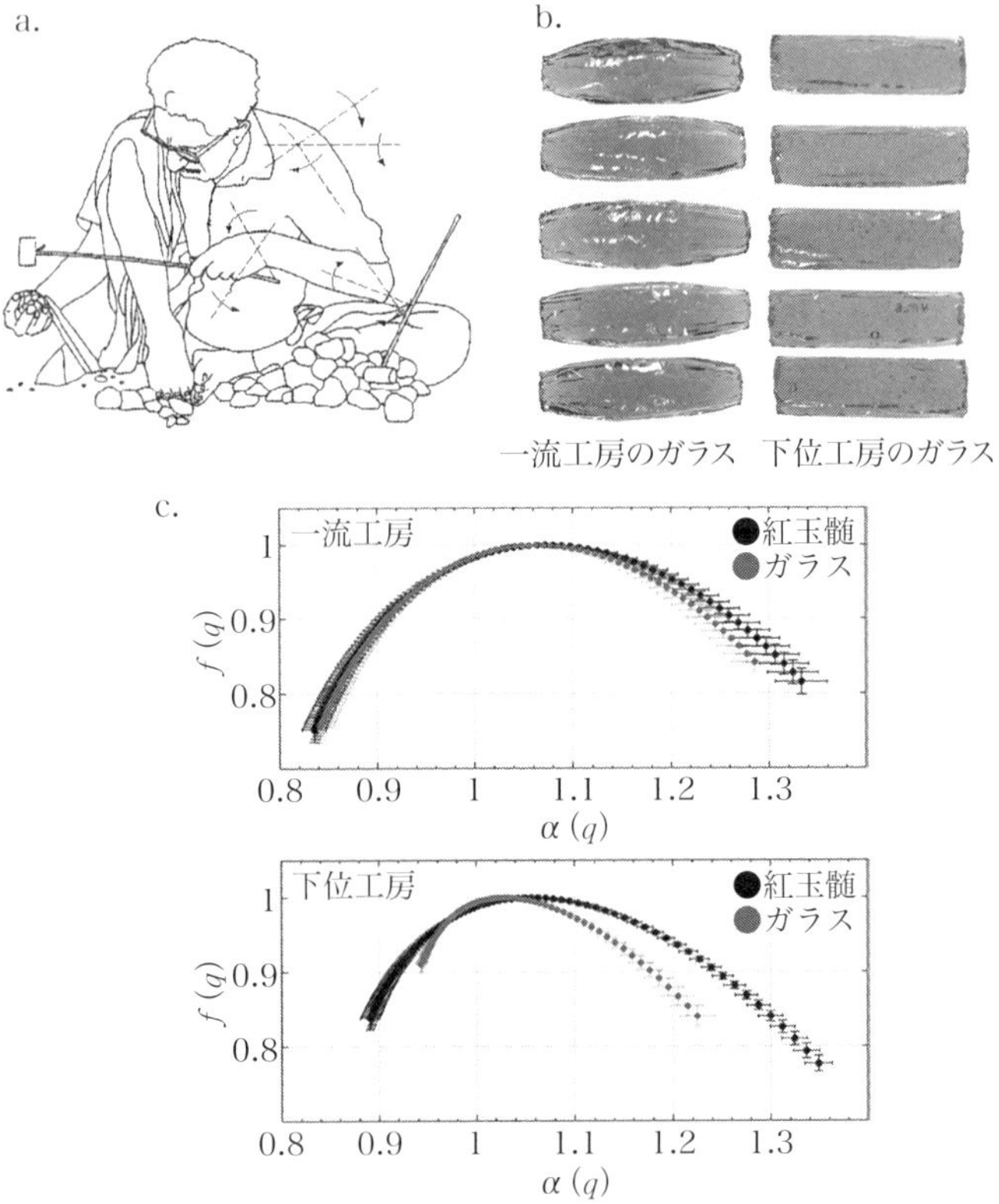

図3-11　a. ハンマーと鉄製のピンを用いた石ビーズの成形場面（および腕の関節の7つの自由度），b. 一流工房（左）と下位工房の職人（右）が樽型に成形したガラスの一例，c. 一流工房（上段）と下位工房の職人（下段）が紅玉随およびガラスの成形時のハンマーをもつ手の位置変化時系列信号の $f(\alpha)$ スペクトル。カーブの幅が広いほど多重時間相関指数の時間分布が一様ではないことを示す（Nonaka & Bril, 2014より）

分をあて、一秒間に三回程度の周期でハンマーが原石に接触し剥片が打ち割られていく（映像はNonaka & Bril, 2014で視聴可能）。この技能はきわめて難しく、一流の工房では、石ビーズが成形できる一人前の職人になるまでに、少なくとも十年はかかると言われている。

いったい、この技能を身につけ、伝えることの難しさはどこにあるのだろうか。

生体力学研究者のビリュコヴァはブリルと、インド政府から認められた人間国宝級の職人一名を含む六名の一流工房の職人が剥片を打ち割るときの、ハンマーをもつ手の動きを彼らの工房で現場計測した（Biryukova & Bril, 2008）。ハンマーの先端の動きをもたらす腕の動きは割合小さなものだが、彼らは手首、ひじ、肩の関節の合計七つの腕の自由度が動きにどのように貢献しているかを、主成分分析と呼ばれる手法で調べてみた。

実際に分析してみてわかったのは、見事なビーズをつくる第一人者には、他の職人とは違った運動パターンが見られるということだった。その違いはひとことで言うと、熟練職人のハンマーの打撃に参与している関節の自由度の多さであり、またそれらの組み合わせの流動性であった。超一級の職人がハンマーで石を打つときの腕の複数の関節の動きの組み合わせのパターンはステレオタイプなものとはほど遠く、他の職人よりもはるかに多様であり、定まった動き方というよりは、むしろ動き方の定まらなさの方にその特徴があった。しかしその一方で、熟練者は、一般の職人には真似ができないような、細長い精巧なビーズをハンマーによって安定して叩き出す。

職人たちがやっているのは、ある仕方でからだを動かすことではない。それはむしろ、各工程の要請に適うかたちで、独特の割れ方をみずからのふるまいを柔軟にリンクさせて、ビーズを成形することだった。

具体を探る動き

カンバートでのビーズづくりでは、土地も、使われる石材の性質も、ビーズをつくっていた人間のからだも、現在と過去で共通している。言ってみれば、石ビーズづくりをとりまく「具体」は現在も過去もおなじである。

職人たちが成形する紅玉髄や瑪瑙は、この地域に広がる溶岩の堆積の隙間に、ごく微粒子の珪酸鉱物が沈殿することでできたものである。このようにしてできた石材は肌理が細かく均質で、特定の割れやすい方向をもたず、「ヘルツ破壊」と呼ばれる独特の割れ方をする。石材の打ち割りによる成形では、このヘルツ破壊という独特な割れ方を用いて、石材から剥片が剥離されている。人工物では、これとおなじ割れ方を示す代表的な素材としてはガラスがある。

おなじ土地の、おなじ石材が使われてきたとは言え、自然の石に、おなじものはふたつとして存在しない。職人たちはこれまで、さまざまな状態の紅玉随や瑪瑙の原石に出会ってきたはずだ。職人たちが道具を介して石材の特性を探るとき、道具が接続された身体の「先端」で生まれている動きは、いったいどのような特徴を示すのだろうか。

この問いについて、わたしたちは実験で調べてみることにした。実験では、一流工房の職人六名と、工房全体の四分の三を占める下位ランクの工房の職人六名に参加してもらい、通常の紅玉随にくわえて、職人にとっては未知の素材である、ほぼおなじサイズ（六センチ×二・五センチ×二・五センチ）のガラスも使って、それぞれの素材で五つずつ、おなじような樽型のビーズを制作してもらった（Nonaka & Bril, 2014）。ガラスはおなじヘルツ破壊の性質をもつものの、紅玉髄よりはずっともろく、はるかに割れやすい。

わたしたちはまず、打ち割りによる成形の最初のプロセスである、粗く直方体に割られた素材の状態を整えていく場面（キャリブレーションと呼ばれる）三〇秒間における、ハンマーをもつ職人たちの手の細かい動きを、単位時間あたりの移動距離の変動が時間に対してどのように変化していくかという拡散の側面から特徴づけてみた。

職人たちは、使い慣れた紅玉随を手渡され、ハンマーで軽くタッピングしながら石材の凹凸などの状態を探り、成形の準備をしていく。このとき、職人たちがハンマーをもつ手の動きには、ランダムな動きよりもかなり速く手の動きの変動が増えていくような優拡散の特徴が、どちらのグループにも共通して見られた。

では、不慣れなガラスを扱う場面ではどうだろうか。ガラスという未知の素材と直面したとき、ふたつのグループのちがいがはっきりと現れた。もっとも明白なちがいが現れたのは、作られたビーズそのものだった。一流工房の職人たちは、通常より長い時間をキャリブレーションに要し、慣れた石材を使うときよりも手間取ったものの、剥片を打ち割って樽型のビーズを成形することはできた。しかし下位ランクの工房の職人たちは、未知の素材であるガラスから剥片を剥離して楕円のかたちにすることは、ほとんどできなかった（図3-11b）。

つづいて、ガラスという未知の素材を探りはじめる場面の手の動きについても、先とおなじやり方で見てみた。すると、一流工房の職人たちの手の動きにおいては、未知の素材に出会ったときに、通常の石材を使うときに比べて、時間相関のないランダムな動きよりも動きの変動が速く増えていくような、優拡散の傾向がはっきりと強まっていた。しかしこれとは対照的に、下位の工房の職人たちにおいては、未知の素材に直面したときに、慣れた素材を扱うときに見られた時間相関が破れる傾向が見られ、よりランダムに近い手の動きが生じていた（Nonaka & Bril, 2014）。

ただし、どちらのグループの職人たちも、もろいガラスを成形するときには、紅玉髄をたたくときよりも素材を弱くたたくかたちでハンマーの速度自体は落としており、ガラスの性質に応じてソフトな打撃へと変化している点では、ふたつのグループのあいだで変わりはなかった。つまり、ガラスを扱う場面で見られた、手の動きの時間構造におけるこうしたグループ間の分岐は、素材を変化させたときのハンマーの打撃速度の変化とは、独立して見られたものだった。

探る動きの由来

前章では、からだに接続した道具や、道具を介して触れる対象について「知る」能力は、局所の刺激やその組み合わせに依存するものではないことを見た。このことを一連の実験を通して確かめたターヴィーたちは、からだのテンセグリティ構造を媒質として、あるところにかかる張力（あるいは生体組織の変形）が、さまざまなスケールで他所あるいは全身の張力配列（全方位の生体組織の変形配列）へと映るシステマティックな対応関係が、特定の部位や受容器とその組み合わせに依存しない触力覚を可能にしていると主張した。

この主張は、探る「動き」に対して、どのような示唆をもつだろう。

このことを考える上で、もう一度、Ⅰ章で見たテンセグリティロボットのことを思い出してみたい。テンセグリティロボットのシミュレーションでは、局所で起こっている動きは、必ずしもその局所に由来する動きというわけではなかった。ロボットの移動は全身の揺れで達成されていたものの、それぞれの部分の動きは他から独立していたわけではなかった。むしろ、プレストレスがかかっているテンセグリティの張力場を介して、各所で起こっているさまざまなスケールの揺れが複雑に干渉しあった結果として、このロボットのからだの各部には、移動を可能にするような独特な動きが生まれていた。そのため、テンセグリティロボットでは、ひとつのところで生じる揺れに、他所で生じているさまざまな挙動が映っていた。

あるいは、手にした道具の状態や、道具を介して触れる素材について探っている手の動きもまた、独立した部分の動きの集合体というよりは、さまざまなスケールの動きが複雑に干渉しあうような非線形的な相互影響関係から創発した動きの組織である可能性はないだろうか。

テンセグリティロボットのシミュレーションでは、要素が強く影響しあう動きのダイナミクスの特徴をとらえるために、糸を引っ張るスピードを変化させたときの全体的なふるまいの変化や、局所の動きを止めたときの他所の動きへの影響関係などが調べられていた。しかし、生身の職人たちが相手ではそうもいかない。

わたしたちは、職人たちの限られた計測データから右のような動きの特徴を窺い知るために、よく似た問題が長く検討されてきた「乱流」と呼ばれる現象の研究を参考にした。

飛行機に乗っていると、「ただいま気流の悪いところを通過しております」というアナウンスをしばしば耳にする。「乱流」とはこの「気流の悪いところ」である。「気流の悪いところ」を通過するとき、飛行機の揺れ方は一定ではなく、小さな揺れと大きな揺れが分かちがたく重なりあっている。そして、飛行機がガタガタと揺れたかと思うと、ところどころで静かになり、また突然ガタガタと揺れはじめたりする。

乱流のなかを、まっすぐに一次元上を進む飛行機の先端に当たる流れは、さまざまに変化する。しかし、この一次元の動きは、立体的に渦や流れがからみあったパターンがさらに時間とともに変動する、きわめて複雑な現象の一断面の現れであることがわかっている。わたしたちの問題は、こうしたひとつの変数の時間構造から、異なるスケールの動きがからみあったパターンの特徴を窺い知ることができるか、というものだ。

乱流の研究では、(一) 大きなスケールの動きが小さな動きのスケールへと砕けていく法則性（あるいは、小さな変動が大きな動きへと拡大される拡がり方を決める法則性）と、(二) そのような大小のスケールの動きのからみあい方そのものの分布の非一様性によって、さまざまなスケールの動きが複雑に干渉しあう乱流の時空間構造がうまく特徴づけられることが報告されている (e.g., Meneveau & Sreenivasan, 1987)。

先の解析では、職人たちの手の動きの特徴を、単位時間あたりの移動距離の変動が時間スケールの変化にともなってどのように拡がるかという法則性からとらえた。しかしここでとらえられた特徴はあくまで、異なる時間スケールにおける変動の大きさのあいだに見られた、全体的な関係にすぎない。実際には、大きな動きが集中して生じているところや、比較的動きの少ないところが時間変化の流れにおいてまだらに存在していて、時間スケールを縮小、拡大していったときに現れる動きのからみあい方そのものが、時間とともに発展するような非一様な分布を示す可能性はある。

わたしたちは、おなじ職人たちのデータについて、時間にともなう動きの拡がり方そのものが、時間の流れのなかで不均質な分布を示すかどうかを調べてみた（方法はNonaka & Bril, 2014参照）。さらに、おなじ時系列データの線形的性質（自己相関、平均値、分散）を保存したまま順序を入れ替え、非線形性のみを破壊したサロゲートデータについておなじ解析を行い、元のデータと結果を比較してみた（c.f., Schreiber &Schmitz, 1996）。

このとき、仮に元のデータに多重時間相関のまだらな分布が見られた場合、それがさまざまなスケールのプロセス間の非線形的な相互影響関係に由来するものならば、サロゲートデータではこうした非一様性が失われていることが予想される。逆に、それがノイズに由来するものならば、サロゲートデータにおいても、おなじようなまだらな分布がまだ見られるはずである。

実際に調べてみると、やはり、職人たちの手の動きの時間構造には、大小のスケールの動きのからみあい方そのものが時間とともに発展する非一様性が見られた。そしてこのような非一様性は、サロゲートデータの方でははっきりと失われていた。この結果は、職人たちのからだの先端で生まれている探索運動が、独立した動きの集合というよりは、互いに独立ではない異なるスケールの動きの非線形的な影響関係に由来することを示唆するものだった。

こうした手の動きの特徴は、職人たちがいつも使っている紅玉随を扱う探索的な場面では、どちらのグループの工房の職人たちにも、共通して見ることができた。

しかしながら、不慣れなガラスを扱うとき、下位の工房の職人たちの手の動きからは、変動の山や谷のまばらな塊が失われ、異なる時間スケールの動きのあいだの関係が比較的一様な、変化の幅の狭いものへと変質していた（図3-11c）。他方、一流工房の職人たちには、ふたつの素材のあいだで、このような手の動きの質的なちがいは見られなかった。

まとめると、結果は以下のようになる。

（一）一流のビーズ職人たちは、未知の素材でもあつかうことができた。そして、手にした道具の状態や、道具を介して触れる素材について探っている職人たちの手の動きには、全体として、さっと変化に富んだ動きが生まれる（単位時間あたりの移動距離の変動が速く拡がる）独特の時間構造が見られた。
（二）探索運動に見られた、時間にともなう動きの拡がり方そのものもまた一定ではなく、その時々で伸び縮みするやわらかさがあった。そして、そのやわらかさは異なるスケールの動きのあいだの非線形的な影響関係に由来するものであることが確認された。
（三）未知の素材に直面したとき、うまく扱えなかったグループの職人たちの手の動きからは、（一）、（二）の特徴が失われるような傾向が見られた。
さて、職人たちが、長い間かけて身につけたものとは、いったい何だったのだろう。一流工房の職人たちが未知の素材をあつかうことができた一方で、成形できなかった職人たちもまた存在した。このことは、その場で素材の性質や状況について「知る」活動が、一流工房の職人のスキルを特徴づけるもののひとつであることを示唆している。

とはいえ、このような「知る」活動は、なんらかの「動きの原型」に還元できるものでもなかった。一流の職人の動きを特徴づけていたのは、むしろ動き方の定まらない流動性だった。その時間構造は、独立した動きの集合体というよりは、ちょうどテンセグリティロボットのように、さまざまなスケールの動きが不可分にからみあって生まれたうねりに由来する特徴をもっていた。

もちろんこの結果は、ハンマーの振動による絶え間ないタッピングをともなう特殊な技能についてのものであって、こうした特徴が一般的な「探る動き」にどれほどあてはまるのかは未知数である。

かといって、右の結果が、「アクティブタッチ」と呼ばれる能動的な触力覚の理論に対してまったく示唆をもたないというわけでもない。というのも、特殊な技能とは言え、からだの先端で生まれている探索運動が個々の運動指令の和に還元できないようなものだとすると、「探索運動にたいする運動指令に由来する信号が大脳皮質運動野から感覚野に伝わり、指令の内容を知らせて知覚過程に影響をおよぼす（c.f., 岩村、2011）」という、現在広く受け入れられているアクティブタッチの理論の足場がぐらつくことになるからだ。

このような探索運動の特徴は、どれほど一般的なものなのだろうか。また、こうした動きの特徴と、筋－結合組織－骨格系のテンセグリティのプレストレスとのあいだにはどんな関係があるのだろうか。これらの問題については、これから確かめる価値がある。

Ⅳ章　予見のまわり

わたしたちは、環境内で起こっている出来事や、みずからの行為の一連の流れがもたらす結果を、事前に「見る」ことができるだろうか。あるいは、それは「想像する」ことしかできないものなのだろうか。

未来に起こるまわりとの接触がなにをもたらすのかを前もって知ることは、わたしたちの日々の暮らしの主要な関心事である。

わたしたちのふるまいは、ほとんどいつだって、これから起こるまわりとの接触がもたらす、なにか「大事なものごと」に向かっている。もっと理屈っぽく言うなら、わたしたちのふるまいにおいては、未来の状態がもたらす価値が、現在の状態変化に因果的に作用している、と言ってもいい。

それは、「姿勢」のような、ふだんあまり自覚していないわたしたちの活動においてすらあてはまる。たとえば、ドアノブを引っ張ってドアを開けようとしてみる。そのときに筋肉の活動を計測すると、ノブを手で引っ張る活動にかかわる腕の筋肉（上腕二頭筋）よりも先に、ドアを手で引っ張ることによって崩れる重心のバランスを補正する足の筋肉（腓腹筋、ハムストリング）の方が先に動き出して、未来の転倒をあらかじめ回避する（図4-1）。ただし、姿勢を保つ筋肉が動き出すタイミングは、反射のように決まっているわけではなくて、指令に対する反応のように固定的なものではない。

随意運動のように自覚されることもなく、一方で不随意な反射のように固定的でもないこの種の「予知」が何なのかという点については、意見の分かれるところである。ひとつの解釈として、姿勢を安定させるような動的なプロセスがある程度独立しつつも、ドアを手で引いて開けるという流れの中に入れ子になっている組織を、こうした現象が示す可能性が指摘されている（Reed, 1988）。

重心の位置や動きをある範囲内に保つようなサイクルが、一方ではある程度自律して存在しながらも、他方では同時にさまざまに共起する他の出来事の流れを映し出しているとする。このような場合、ある程度独立しつつもゆるく協調した複数のサイクルが、なんらかのまとまりを示しながらもズレをともなった筋活動の時間構造として現れる可能性は、たしかに考えられる。

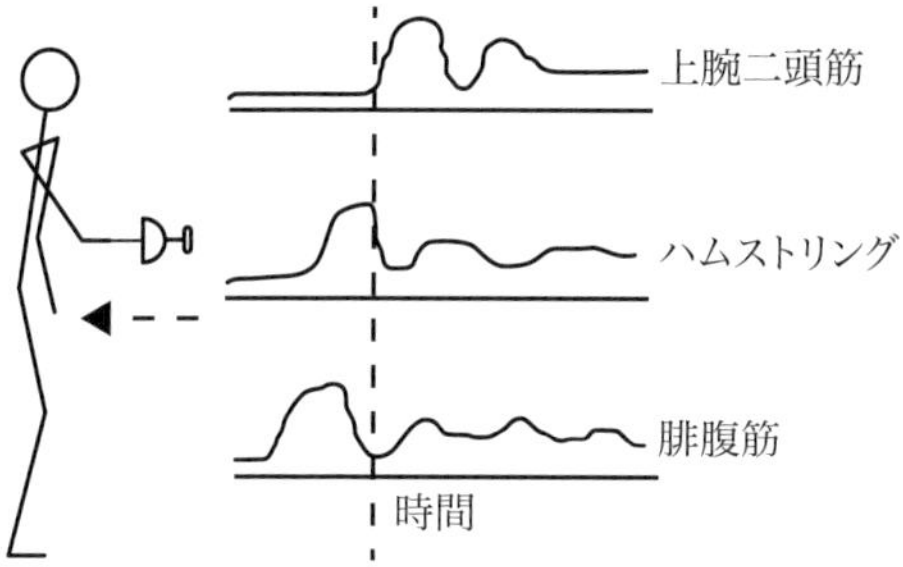

図4-1　ドアノブを引く筋肉（上腕二頭筋）の活動に先行する姿勢筋（ハムストリングと腓腹筋）の活動（Lee, 1984より）

このような「予知」現象は、他にもいろいろある。

わたしは仕事場までバスで通っているのだが、ときどき、混雑したバスの二人用座席の、窓際に座ることになる。目的地に着くと、通路側に座っている人に立ってもらい、席からどいてもらわないと、わたしは降りることができない。

こんなとき、わたしはきまって不思議な体験をする。それは、次のバス停で降りようとすると、通路側に座っている人がこちらの気配を察して、何も言っていないのにすっと立ってわたしを通してくれる、というものだ。

どうやって、わたしの隣にすわっていた人は、わたしが次のバス停で降りるとわかったのだろうか。隣の人は、わたしの心の中を「想像」したのだろうか。

けれどもこんなとき、隣にすわっている人は、自分の判断が「想像」のようにあいまいで不確かなものかもしれないというそぶりはまったく見せない。いまだ起こっていない他者の行動についての、このゆるぎない確信はいったいどこからくるのだろうか。

ギブソンは、このような「予知」現象を可能にするものについて、次のようなアイデアを手書きのメモにのこしている。

暗闇の中で手探りする場合と、最終的に起こる出来事が、当の出来事へといたる複数の出来事によって特定されている場合、すなわち「前兆の影を落とす」出来事を察知したり「事前に」知覚したりする場合とを対比してみたい。……最終的に起こることはいたるところに散在する。もたらされる結果は、「出来事の流れ」が変えられないかぎり（すなわち他の出来事が挿入されないかぎり）、「不可避のもの」である。（Gibson, 1978）。

もし仮に、最終的に起こる出来事が、そこへと至る流れのなかに埋め込まれた、さまざまな他の出来事に「映って」いるならば、最終的に起こることはいたるところに散在する。バスの例で言えば、それまでじっと座っていたわたしが立ち上がることに向けて姿勢をそわそわするといったことから、それまで読んでいた本や携帯電話をカバンの中にしまうような身支度の流れ、あるいは運賃を支払うことに向けて財布をとりだし、小銭を確認するといった所作にいたるまで、わたしが「バスを降りる」という近未来の出来事は、そこかしこに散らばって「映って」いる可能性はある。

ギブソンは「想像」のように不確かであいまいなものではなく、未来の出来事を特定する構造を検知する、れっきとした「見ること」や「聴くこと」として、こうした「予知」現象が理解できるのではないかと考えた。

この視点は、「想像」説を前提とすることからは生まれてこないような、「予知」をめぐる一連の問いかけを可能にする。

未来の状態がもたらす価値は、どのようにしてまわりに映るのだろうか。どのようにして、わたしたちは、未来の価値に向けて、みずからが参加する出来事の流れの舵をとるのだろうか。あるいは、わたしたちが「前兆の影を落とす」出来事を見分けられるようになったときに、学習されたものとは、いったい何なのだろうか。

これらの問いについて、本章ではふたつの事例を通して考える。

1 外野手の問題

こどものとき、近所のこどもたちと草野球をやっていた。守備をしていて、自分の真正面から飛んできたフライが落ちてくるのを待っている。肌理のない明るい空を背景として真上に浮かんだボールからは、なかなか距離感がつかめない。落ちてくる直前になって頭を越えて行きそうだと気づくが、近づいてくると思っていたよりもボールはずっと速く、ちょっと怖いくらいである。それでもなんとかボールにグローブを差し出してみると、案の定間に合わず、ボールは自分の頭の上をはるかに越えていく。こんな体験を、実感として覚えている。

野球の試合を見ていると、打者が打ち上げたボールに対して、外野手は落下地点に向かい、ちょうどいいタイミングでグローブを差し出してボールをやすやすと捕球しているように見える。このとき、外野手はどのようにして、未来のボール落下地点とそのタイミングを事前に見ることができるのだろうか。

月面で、真空だったら、ボールがバットで打ちあげられたときの初速度と、打ち上げられるボールの軌道の地面に対する角度が与えられれば、ニュートン力学のモデルに基づいて、いつどこにボールが落ちてくるかを計算によって求めることができる。このとき、仮に初期条件をひとたび「見る」ことができたと仮定すれば、そのあとはボールを見ないでも、モデルに基づく計算によって、外野手は落下地点に移動できることになる。

一方、モデルに基づく予測とはまったく違ったかたちで、フライの落下地点に外野手がやってくることを可能にする方法も実は存在する。

物理学者のチャップマン（Chapman, S.）は、距離感がつかみにくいとされる、真正面から飛んできたフライを捕球するための「びっくりするほどシンプルな情報（Chapman, 1968, p.870）」があることを指摘した。

自分の真正面からフライが飛んでくるときを想像してみてほしい。このとき、観察点とボールをむすぶ視線は、だんだんと上を向いていく（図4-2）。チャップマンの方法は、外野手がみずからの「移動」を、ボールを追う視線が上に向かう速度の変化にむすびつけるというものである。ひとことで言うと、外野手がすべきことは、ボールを追う視線が上に向かう「加速度」をなくすように移動することである。

もし、ボールを追う視線が上に向かう速度がだんだん速くなっていくとき、外野手は後ろ

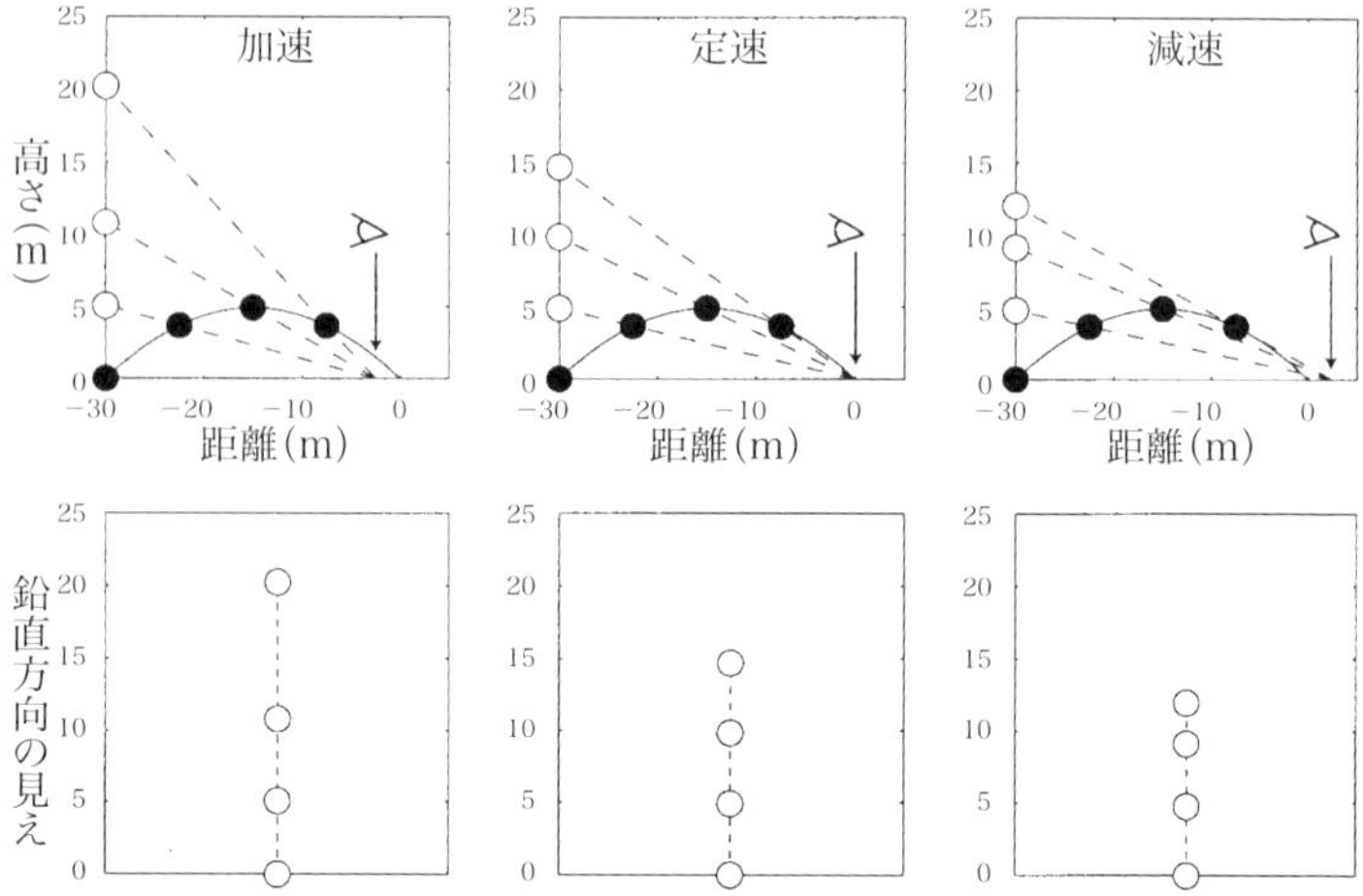

図4-2　上段：観察点とボールを追う視線の鉛直方向への動きとのあいだの関係，下段：観察点から見たボールの鉛直方向の見え（左：観察点をボールが越えて飛んでいく場合，中央：観察点にボールが落下する場合，右：観察点の手前にボールが落下する場合）（Zaal & Michaels, 2003より）

に下がらないといけない（図4-2左）。もし視線が上に向かう速度がだんだん遅くなっていくとき、外野手は前に走らないといけない（図4-2右）。ボールを追う視線の鉛直方向への加速度がなくなるところに、まさにボールは落下する（図4-2中央）。

　これは、動いていても常に利用可能な情報である。たとえば、ボールを追って前や後ろに走るとき、自分が速く走りすぎているかどうかは、ボールを追う視線が上に向かうスピードの変化に「見る」ことができる。すべきことは、ボールを追う視線の鉛直方向への変化の加速度をな

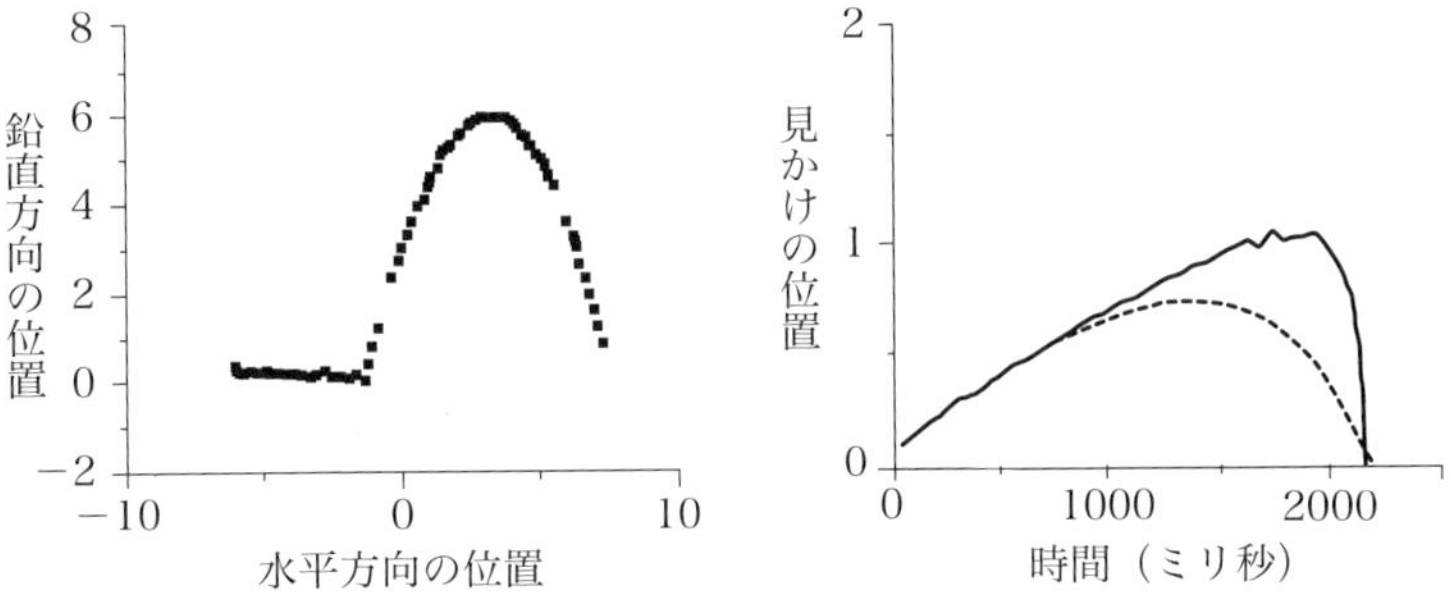

図4-3　左：ボールの軌道と野手の動き（右から左に向かう放物線がボールの軌道，放物線左側の落下点の水平の線が野手の軌道），右：野手から見たボールの鉛直方向への見かけの動き（実線），野手がスタート地点から動かなかった場合のボールの鉛直方向への見かけの動き（点線）(Michaels & Oudejans, 1992より)

くすことだけなのだ。

ほんとうに、こんな単純な方法が、外野手たちに使われているのだろうか。

マイケルズ (Michaels, C. F.) たちは、実際にソフトボールの野手たちに高さ三〜八メートル、距離六〜二五メートルのさまざまなフライを投げて、ボールの軌道と野手たちの動きとのあいだの関係をビデオに撮影して調べてみた (Michaels & Oudejans, 1992)。

実験に参加した野手たちは、手前に落ちるボールを捕球するときも、背後へ飛んだボールを捕球するときも、動かなかった場合に生じたであろうボールを追う視線の鉛直方向への加速を、みずから動くことによってキャンセルし、捕球直前までボールを追う視線が上に向かう速度を一定に保っていた（図4-3）。さまざまなボールに対して、実際に野手たちは、捕球の直前まで、みずからの観察点とボールをむすぶ視線が上に向かう加速度をゼロにするように移動していた。

つけくわえておくと、ボールを追う「視線」の鉛直方向の変化は、「網膜像」上の変化だとはかぎらない。たとえば、網膜の中心にボールを保つように頭全体を動かしていくとき、網膜像においてボールが占める位置はもちろん変わらない。その後の実験では、真っ暗闇の中で、光るボールを用いても、野手たちはおなじ方法をつかって問題なくボールを捕球できることが明らかにされている（Oudejans et al., 1999）。このことは、ボールを追う「視線」の鉛直方向の変化とは言え、実際にボールの落下地点への移動を可能にする情報となっているのは、背景と相対的に移動するボールの「見え」の加速度や、網膜像そのものというよりは、飛んでくるボールへと向かう野手の「全身」の定位が、環境の持続する参照枠（地面、重力軸）に対してなす変化の仕方である可能性を示唆している。

「モデル」に基づいて落下地点を予測するとき、野手は「現在」までに得られたボール－環境システムに関するデータをもとに、当のシステムの「未来」の状態を、そのシステムの「モデル」を参照して計算する。

一方、チャップマンの野手は、環境内のボールの動きと、自分の動きをむすびつける法則的な関係をまわりにさがす。この関係に野手が参加するとき、環境とボール、野手は、ボール－環境－野手システムという、新たなダイナミクスをもつ「ひとつの」システムとなる。このとき、ボールと野手の関係の「未来」の状態は、そのシステムの「モデル」に基づいた仮想的なものではなく、当のシステム自身に内在する法則性に由来する必然的な結果となる。

2　あらかじめ結果を見ること

たとえば、毎日着ているシャツのボタン。

堅いボタンと、支えておかないとふにゃふにゃしてしまう布地。布地に空いた小さな穴にボタンを通すとき、わたしたちは堅くて「押すことのできる」ボタンを後ろから指で押し、もう一方の手でやわらかい布地を引っ張って穴の向きをボタンが押される向きにあわせることで、ボタンが穴から出てくることをガイドする。

わたしたちのまわりには、ぴんと張っていたり、とんがっていたり、どろどろしていたり、しっかりと堅かったり、ふんわりと柔らかかったりするものが、独特な組み合わせで散らばっている。まわりにあるさまざまなものの、めいめい異なる性質の、目もくらむような複雑な組み合わせに囲まれて、わたしたちはまわりとの未来の接触が何をもたらすのかをいつも探っている。

まわりにあるものの独特な性質やその独特な組み合わせが、未来のわたしたちとの接触にもたらす帰結を、わたしたちはどうやって知るのだろうか。

レオロジーと呼ばれる、ぐにゃぐにゃ、どろどろした物の塑性変形など、具体の複雑な物性を扱う学問分野がある。これからとりあげる研究は、塑性変形を扱ったものではないけれども、気分としては、「レオロジカルな心理学」のつもりである。

先に、EUの研究班で、道具を使って石を成形するふたつの技能について検討したと述べた。ひとつは、前章でとりあげたビーズづくりである。次にとりあげるのは、そのうちのもうひとつ、石器づくりにおける石の割れ方を事前に予知する技能である。

二三四万年前の石器

未来に起こる環境との接触に向けて、物のかたちを修正する活動のひとつに、道具づくりがある。

現在見つかっている一番古い道具づくりの痕跡は、およそ二六〇から二二〇万年前の鮮新世末期の石器で、エチオピアのアワッシュ渓谷や、エチオピアとケニアをまたがるトゥルカナ湖岸など、いずれも東アフリカのごく限られた地域で見つかったものである（Roche, 2005）（註2）。

これらの最古の石器は、ふたつの石を使い、ハンマー石と呼ばれる一方の石で、もうひとつの石核と呼ばれる石を叩くことで剥片を剥離し、鋭利なエッジを石に生じさせた刃物である（図4-4a）。刃物でつけたようなカットマークや打撃痕などの損傷がある動物の骨が石器の近くで見つかっていることなどから（図4-4b）、このような石の変形は、動物の骨から骨髄を獲得するといった、新たな環境の資源の利用に向けられたものだったと考えられている（McPherron et al., 2010）。

ごく最近まで、これらの古い石器群が作られた技術について、くわしいことはあまりよくわかっていなかった。これらの石器は、鋭いエッジをもつことを除けば、かたちがまちまちなこともあって、見通しなくひとつひとつの剥片を打ちかいただけのシンプルな技術として特徴づけられることが多かった（Pelegrin, 1993）。

しかし、一九九六年から九七年にかけて、フランスの考古学者ロッシュ（Roche, H.）の

註2　本書をちょうど書き終えたところで、本書にも登場するロッシュらのグループによって、これまで見つかっていたものよりも七〇万年以上も古い、およそ三三〇万年前のものと見られる石器がケニアのトゥルカナ湖西岸で発見されたというニュースが飛び込んできた（Harmand et al., 2015）。

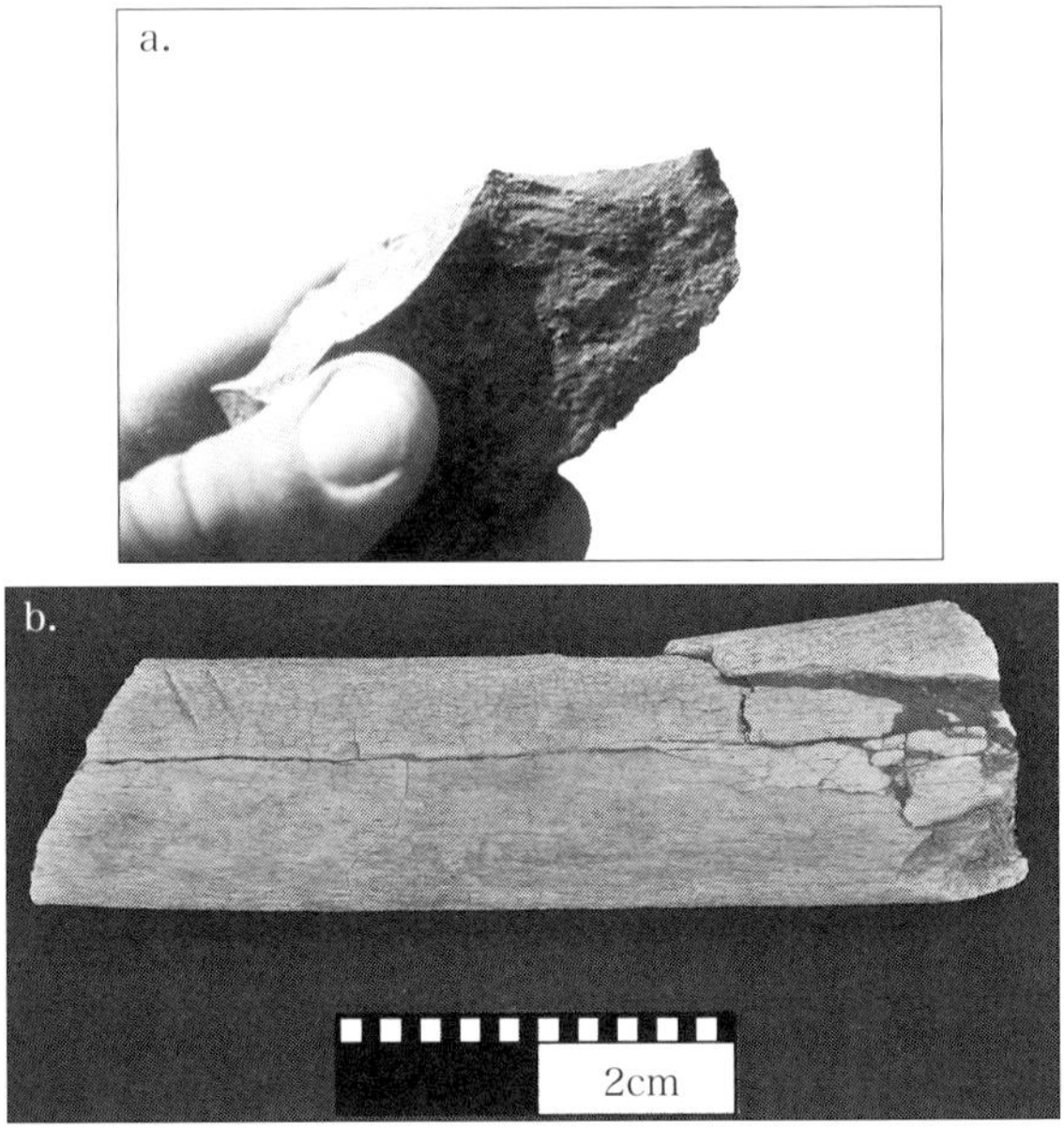

図4-4　a. エッジに鋭い刃をもつ260万年前の石器（Semaw et al., 2003より），b. 339万年前の動物の骨に残る石器によるものと見られるカットマーク（McPherron et al., 2010より）〔© Dikika Research Project〕

グループがケニアのトゥルカナ湖西岸で見つけた、およそ二三四万年前のものとされる石器群には、このような見方をひっくりかえすような事実が含まれていた。

ロッシュたちが見つけたのは、おなじ石から打ち割られたひとそろいの石のかけらだった。二三四万年前のものということを考えると驚くべきことだが、これらの石の剥片は、ひとつひとつ、打ち割られた順番にもとの石へと復元していくことができた。このことは、剥片を打ち割ったプロセスを、二三四万年を隔てた今日、そのまま追体験できるということにかなり近い。そして、このように復元してその手順を辿る

ことができる剥片の組は、なんと五〇組以上もあった（Roche et al., 1999）
まずは写真を見ていただきたい（図４-５）。
これは二三四万年前に打ち割られたかけらがくっつけられて、元通りの石のかたちが復元されたものである。ふたつの写真はおなじ石を裏返しにひっくりかえしたもので、矢印が打ち割られた方向、矢印とともに示されている数字が打ち割られた順番である。おなじ石の縁から連続して剥片を剥離している場合は、一連の剥離として、おなじ番号が振ってある。とりあえずぱっと見ても、これが偶然に割れた石や、力まかせに破壊されたものではなく、割られ方になんらかの秩序だった組織が見られることは、なんとなくわかる。

この秩序をもたらしたのが何だったのかを理解するためには、この石がもつ独特の性質につい

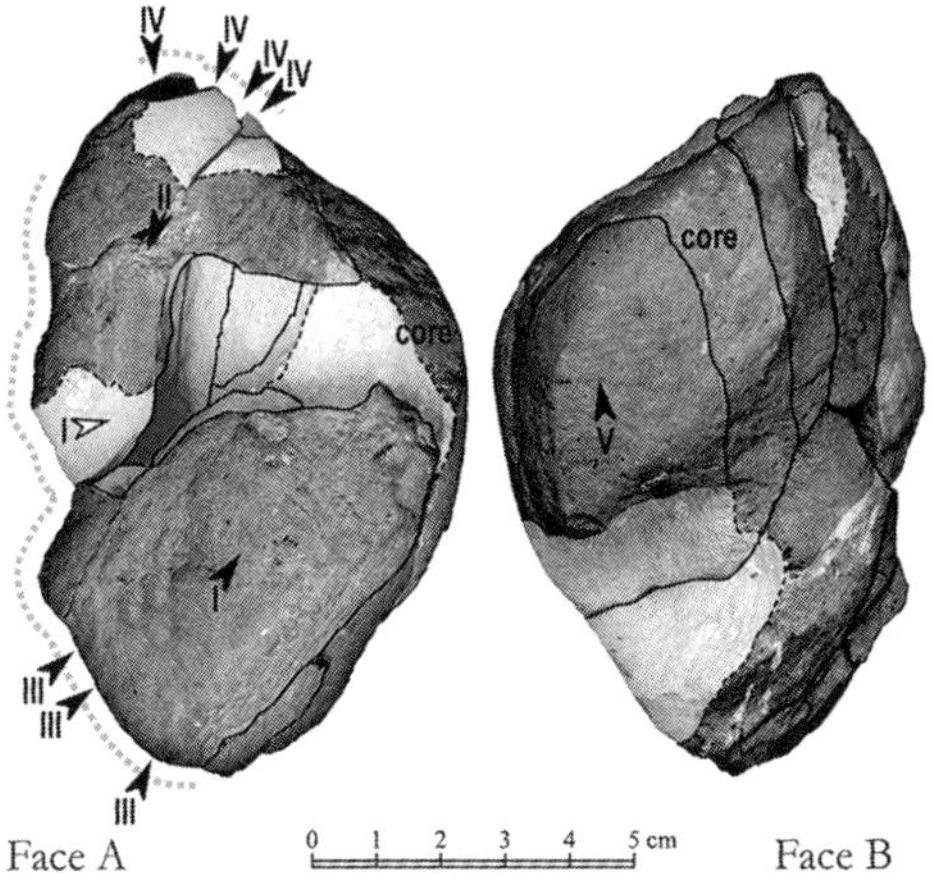

図4-5　234万年前に打ち割られた剥片を元通りの石に復元したもの。右の写真は左の石をひっくりかえしたもの。矢印および番号が打ち割られた剥片とその順序，灰色の点線が打ち割り可能な打面が存在する縁（Delanges & Roche, 2005より）

て、若干知る必要がある。

ロッシュたちが見つけた石器のうち、このように秩序だった剥離のパターンが見られた剥片の素材の多くは、響岩と呼ばれる火成岩だった。なかでもとりわけ細かい肌理をもつ響岩を材料としてつくられたものが、剥片の大半を占めていた。

肌理の非常に細かい火成岩やフリント、人工物で言えばガラスなど、均質で特定の割れやすい方向をもたない脆性材料（割れる素材）の特定の一点に、ピンポイントで衝撃を加えると、初期破壊のあとに、打撃点から二次破壊による亀裂が、ちょうど水の波紋のように同心円状に伝播していき、割れ口にきわめて鋭いエッジが生まれる。前章でも触れたが、このような破壊様式は「ヘルツ破壊（貝殻状破壊）」と呼ばれる（図4-6a）。

最古の石器群は、特定の条件を満たす石材に、特定の仕方で衝撃を加えたときに生じる、ヘルツ破壊の原理をたくみに利用して石材に鋭いエッジを生じさせたものである。この独特の割れ方が、それが自然に割れた石ではなく、石器であることを示すひとつの証拠となっている。逆に言うと、この独特の破壊様式をコントロールする技術が発展する以前につくられた石器は、なかなか石器として見分けることができない（Roche, 2005）。その意味では、現在見つかっている最古の石器は、おそらく最初期の石器ではない。

剥片を石からヘルツ破壊によって剥離するためには、いくつか満たさなければいけない条

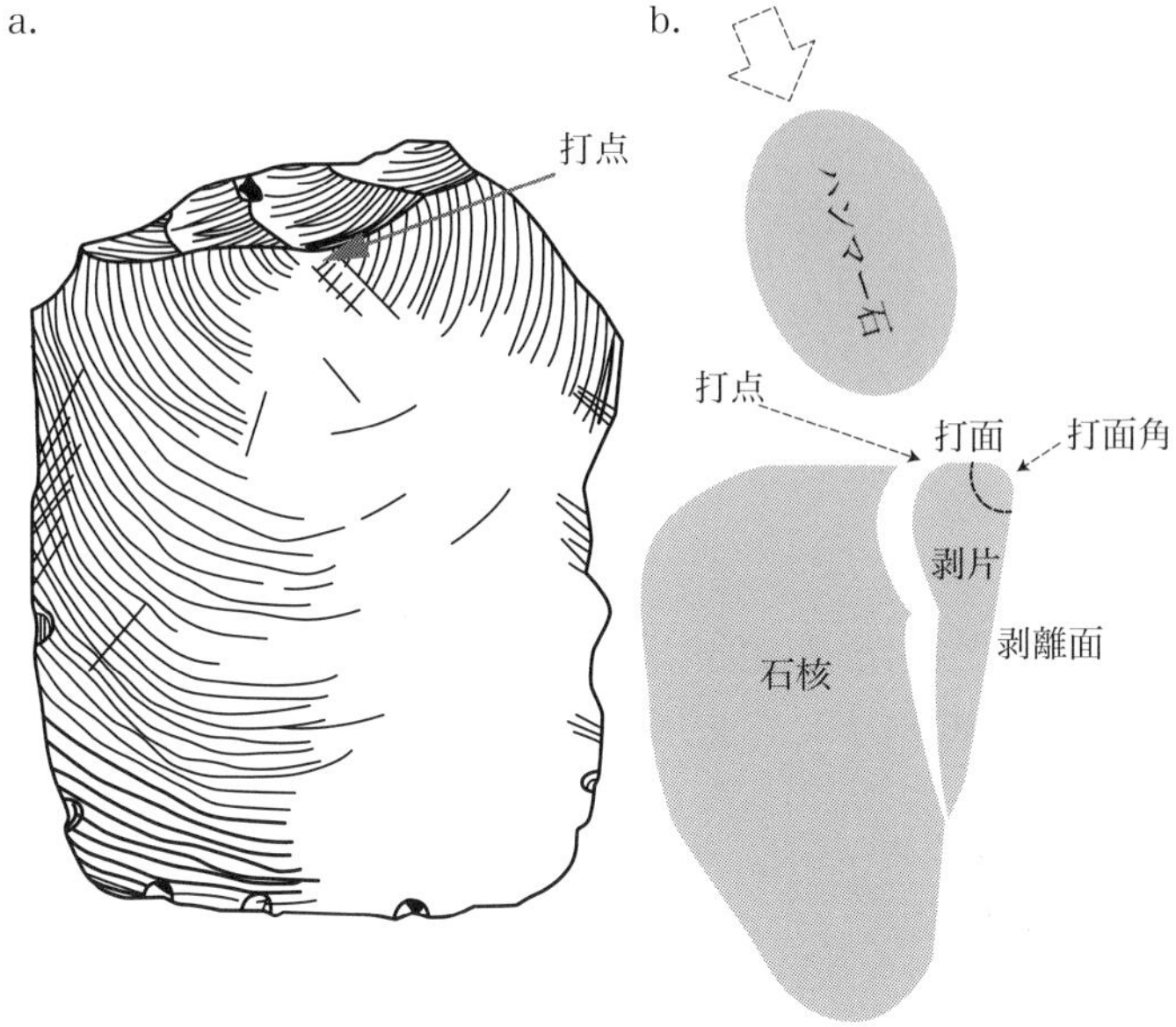

図4-6　a. ヘルツ破壊によって生じた剥片。打点まわりに同心円状の波紋をもつ。〔Lithic flake on flint, with its fundamentals elements for technic description, ©José-Manuel Benit Álvarez, 2006より改変〕
b. 剥片の打ち割りに関する用語

件がある。まず、打ち割られる石の縁の近くに衝撃を与える必要がある。このとき、叩く面を打面、剥片が剥離される面を剥離面と呼び、ふたつの面がなす角度を打面角と呼ぶ（図4-6b）。

剥片を打ち割るときの大きな制約として、まず（一）打面角が鈍角をなしていると、剥片は剥離できない、というものがある。したがって、石から剥片を打ち割ることを可能にするところは、縁が鈍角ではない、少し角張ったところになる。次に、（二）剥離面が凹型をなしていると、衝撃がうまく伝わらず、剥片を剥離することができない。石から剥片を打ち割ろうとするとき、石の剥離面にあたる部分は平らか、あるいはわずかに盛り上がった凸型をなしていなければならない。

さて、これらのことを踏まえた上で、もう一度ロッシュが見つけた二三四万年前の石を見てみよう。この石は一方に広く平らな面をもち、その裏面が極端な凸型になっていて、断面が三角形をなすようなかたちになっている。打面角が鈍角ではない、剥片の打ち割りの機会を与える縁の部分は、灰色の点線で示されたところのみに限られている。

この石器の作り手は、広く平らな面を剥離面として使うことを選択する。そして、平らな面を一貫して使いながら、打ち割り可能な縁のなかでも、ちょうど反対側の二か所の縁を選び、この二か所から交互に反対向きに剥片を剥離していっている。まずⅠで示された大きな剥片を打ち割り、そして今度は、おなじ面を剥離面としながらも、ちょうどⅠと反対側の向きからⅡの剥片を打ち割り、また向きを変えてⅢ、さらに向きを変えてⅣといったような具合である。

このような打ち割りのパターンを、いったい何が生じさせたのだろうか。

たとえば、あなたがもしこの石を、できるだけ無駄なく剥片として使いたかったらどうするだろうか。そのためには、打ち割ることが可能な灰色の点線で示された縁から剥片をはがしていきながら、剥離面として利用できる広く平らな面を、できるだけ最後まで保っておく必要があるだろう。

もし、一か所の縁から集中して剥片を打ち割った場合、剥離面の打ち割られた側がどんどんえぐれていってしまい、剥離面として使える平らな面はすぐに失われてしまう。しかし、石の両端から、交互に剥片をはがしていった場合、剥離面として使っている平らな面は、最後まで比較的平らなままで保つことができ、石がぎりぎり薄くなってしまう最後の最後まで、剥片の剥離に利用することができる。

実際この石に見られる石器づくりでは、ぎりぎりに薄くなるところまで、ひとつの剥離面から剥片が剥離されたあと、最後にひっくりかえして裏側の凸型をなす面からの剥離が試みられた直後に、剥片打ち割りの作業が終えられている（Delanges & Roche, 2005）。

この石だけではなく、ロッシュたちが見つけた石器づくりの跡はどれも、石材を無駄なく剥片に利用するかたちで、常に次なる剥片の打ち割りの機会をもたらすような、予期的な調整のあとが見られた。そのような調整によって、直径二〇センチほどの石から、なんと七〇枚もの剥片が効率よく剥離されているようなケースも見られた。

さらにもうひとつ、驚くべきことがあった。

打ち割りのときに、石を叩くと、叩いた跡は石の表面に残る。たとえば、一回叩いてうまく打ち割られずに、叩く場所を変更したような場合、そのような試行のプロセスは痕跡として石の表面に残る。しかし、ロッシュたちが見つけた剥片と石核には、打ち割ることに失敗したときに生じる打痕がほとんど見当たらなかった。このことは、この石器を作った人が、試行錯誤のようなことをしないで、特定のかたちの剥片を打ち割ることを可能にする打点を、石の表面に一発で見きわめていたことを意味する。

具体に映る未来

ロッシュと共同研究者のドゥロンジュ（Delanges, A.）はこのようなプロセスの背景には「意識的なプランニング（Delanges & Roche, 2005, p.465）」があることを強調する。しかし、たとえ人がこのような打ち割りの手順を意識的に計画できたとして、実際にこのような石器づくりができるものだろうか。たとえば、意識的に打ち割りの手順が計画されたとしても、石との接触が、「計画」とは異なる「結果」をもたらした場合、このような計画自体は意味をなさないだろう。

あるいはひょっとすると、ロッシュたちが記述した技術の背景には、「意識的なプランニング」よりもはるかに根本的な問題が、隠されているということはないだろうか。それは、ある特定の性質をもつ石との、特定の仕方での接触がどのような「結果」をもたらすのかを、はじめから「見る」ことをなにが可能にしているのか、という問題である。たとえば粘土のような、失敗してもやりなおせる素材であれば、実際に見ながら時間をかけて手直しを加えていくことで、なんらかのかたちに近づけていくことが、多少はできそうな気がする。しかし、石が「割れる」という不可逆なプロセスによって生じる、一瞬で決まってしまう亀裂の軌道を、ほんとうに事前に「見て」コントロールすることなどできるのだろうか。ほんとうにあらかじめ石が割れる亀裂を見ることができるとしたら、いったいそれを可能にしているのは何なのだろうか。

わたしたちの研究班は、これらの点について、実際にたしかめてみようと思った。ヨーロッパには、石器のレプリカの製作や、精巧な石器の再現研究などで知られる、自他ともに認める石器づくりの「名人」として知られる人たちが何人かいる。わたしたちはまず彼らに、フリントというヘルツ破壊の性質をもつ石を渡して、打ち割ることができそうな剥片の輪郭を、事前にマーカーで石の表面に描いてもらった。そして、そのあとで、自分が描いた輪郭どおりに、実際に剥片を打ち割ってもらった（図4-7a）。打ち割られた剥片は集めて持ち帰り、打ち割る前に描いた輪郭とともに、あとで計測した。また、打ち割るときのハンマー石をもつ手の動きを動作解析装置によってあわせて計測し、（一）あらかじめ「見た」輪郭、（二）実際に「割った」剥片の特徴、（三）からだの動きの特徴、という三者を照

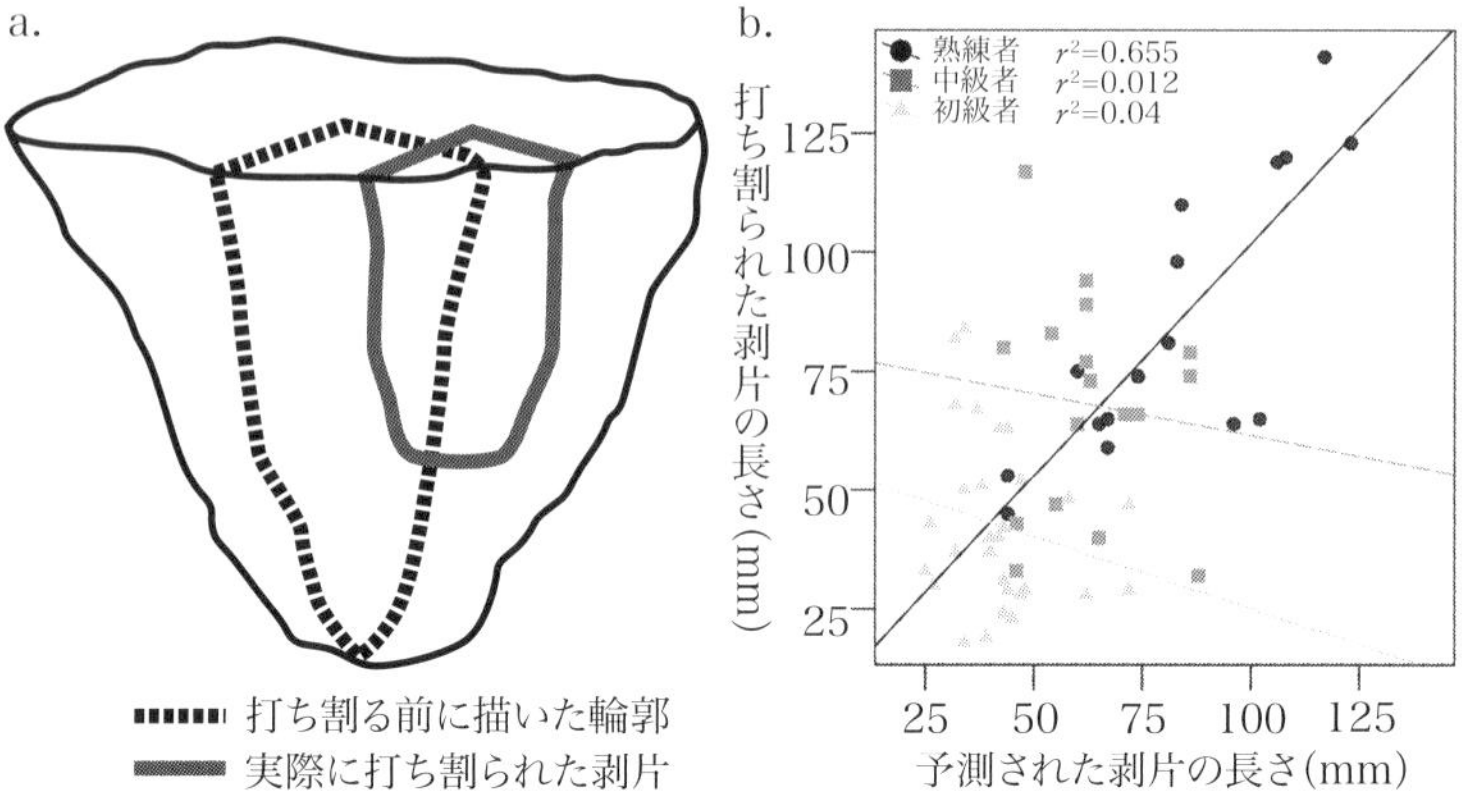

図4-7　a. 実験課題，b. 事前に描かれた剥片の輪郭の長さと，実際に打ち割られた剥片の長さの関係（Nonaka, Bril, & Rein, 2010より）

らしあわせてみた。

そして、これとおなじことを、数年の石器づくりの経験をもつ、フランスとイギリスの若い考古学の研究者たちと、ほとんど打ち割りの経験をもたない大学生にもやってもらった。

実験の結果には、予想外なことがいくつもあった。まず、打ち割る前に描いた輪郭のかたち（幅と長さ）と、実際に打ち割られた剥片のかたちを比べると、前者と後者がはっきりとした相関を見せるのは、二〇年以上も石器をつくり続けている名人たちだけだった（図4-7b）。きれいな剥片をヘルツ破壊で打ち割って見せる若い考古学者たちでも、打ち割りの「結果」を事前に「見る」ことはできなかった。これは、わたしたちにとっては、予想外のことだった。

また、打ち割られた剥片の長さは、名人が一番長く平均八・五センチ、若い考古学者が六・八センチ、初心者が四・三センチだったが、打撃時の運動エネルギーは、名人が一番低く平均四・四ジュール、若い考古学者が六・五ジュール、初心者が一〇・一ジュールだった。つまり、一番大きな剥片を打ち割っていた名人たちの方が、他のグループよりも打撃がはるかに弱かった。なにかの間違いかもしれないと思って、何度計算してみても、結果はおなじだった。これも、直接打撃による剥片の打ち割りは、手の「力」を必要とするという従来の考古学の定説にそぐわない結果だった（c.f., Toth et al., 2006）。

さらに、実際に打ち割られる前に、あらかじめ石の表面に描かれた輪郭を見ると、名人たちとその他のグループを分ける、ひとつの特徴が浮かび上がってきた。その特徴は、ヘルツ破壊の物理とかかわっていた。

たとえば、ガラスの塊の縁付近に鉄球を落とすと剥片が生じる。このとき、縁の角度（打面角）を大きくすると、剥片の長さは長くなり、打点から縁までの距離（打面の奥行）を長くしても、剥片の長さは長くなる（図4-6b）。おなじ角度と奥行の場合、鉄球の重さを変えても、剥片の長さは変わらないが、軽すぎると剥片は生じない。そして、剥片が生じるために最低限必要な運動量の閾値は、打ち割られる剥片の長さに依存し、繰り返すが、剥片の長さは打面角と打面の奥行の組み合わせに依存する（Dibble & Pelcin, 1995）。

わたしたちは、こうした法則性が、もしかすると、打ち割る「以前」の段階で描かれた輪郭に現れているのではないかと考えた。そして実際に、打ち割る「以前」に事前に描かれた剥片において、打面の奥行、打面角、予見された剥片の長さの三者のあいだに不変な関係が生じているかどうかを調べてみた。

するとやはり、打ち割られる剥片のかたちをあらかじめ見ることができた名人たちの描いた輪郭には、これらの三つの変数のあいだに一定の不変な関係が現れた（Nonaka et al., 2010）。この結果はひとことで言えば、名人たちは打ち割ることが可能な剥片の輪郭を事前に描いていたのに対し、その他のグループは、打ち割ることの不可能な輪郭を事前に描いていた、ということを意味する。

さらに、打ち割るときの動きを見てみると、名人たちは、一番弱い力で長い剥片を打ち割っていただけでなく、実際に打ち割られた剥片の長さと、打点時の運動エネルギーが、きれいに比例して変化していた。先にガラスの実験について述べたように、打撃の強さは、剥片を生じさせるのに最低限必要な閾値を超えると、剥片の長さに影響しない。逆に言うと、打撃の強さと剥片の長さが比例していたということは、打撃の強さが、剥片を生じさせる閾値付近であったということになる。

これらの結果は、名人たちが、石材の表面の縁の角度や、そのまわりの潜在的な打点と縁との配置関係と、打撃によって打ち割り可能な剥片のかたちとの関係を「見て」いただけではなく、当の剥片を剥離するのに必要な運動量の閾値とのあいだの一段高次の関係に向けて、みずからの打撃を調整していたということを示唆している。

石材の表面の縁の角度や、そのまわりの潜在的な打点と縁との配置関係と、その打点との接触がもたらす剥片の大きさとのあいだには、不変な関係が存在する。そして、打ち割られる剥片の大きさと、それが打ち割られるのに必要な最低限の衝撃とのあいだには、不変な関係が存在する。

このようなまわりの関係の連鎖に、名人たちは参加していた。彼らがしていたことは、ヘルツ破壊が石の打ち割りにもたらす制約と、みずからのふるまいとをむすびつける法則的な関係をまわりの具体に見つけ、その関係に参入することだった。

エピローグ

道具やからだの先端と環境が触れあう「際」で起こることに向けて、みずからの支配の及ばない外力の中を切り拓きつつ動きまわること。動きまわるなかで、からだを全方位から包みこむまわりの持続に気づくこと。まわりの持続とみずからの動きがもたらす変化から、未来に起こるまわりとの接触が何をもたらすかを見きわめ、潮の流れをうかがい、舵をとり、「大事なこと」に向けて漕ぎ出すこと。

本書では、「知能」とはなにかという定義には立ち入らなかった。そのわけは、右のような活動を可能にするものを「知能」と呼ぶことがそれほど不自然ではないということに、おそらく、読者のみなさんにも同意していただけるだろうと思ったからである。

では、こうした活動を可能にしていたものとは、いったいなんだったのだろう。

からだ

最初に登場したのは、「からだ」だった。

わたしたちのからだは、のばす力は発揮できないゴムひものような筋肉がちぢみ、結合組織を介して骨と骨を引っ張ることによって動いている。たとえば、ゴムでひっぱって動くミシンや車を操作するのは、途方もないことのように思える。わたしたちのからだもまた、知能をもたらすというよりは、むしろ環境との関係の調整にかえって重大な困難をもたらすかのように見える。

けれども、ここにはちょっとしたカラクリがある。

ミシンや車は「動かされるもの」だ。それらを「動かすもの」は、ミシンや車自身ではない。これとは対照的に、わたしたちはみずから、お母さんに近寄り、おいしいものを食べ、ほえる犬から遠ざかり、友だちと握手し、いい景色を見ようと高いところに登る。

まわりの大事なものごととの関係を調整する「わたし」の活動を、「動かされるもの（the moved)」と「動かすもの（the mover)」というふたつの「わたし」へと引き裂いて考えることは、はたして妥当なのだろうか。仮にそんな風に分けてしまうのならば、「動かされるもの」としてのわたしのからだは、「動かすもの」がなんであろうと、操縦できる代物ではない。ベルンシュタインが示したのは、そういうことだった。

ゲルファントたちは、わたしたちのふるまいを、指令や外からの刺激によって受動的に「動かされたもの」として見なすのではなく、どの水準でも、「環境」と「自己」の関係を自律的に調整する「まるごとみずから動くもの」の活動としてとらえた。すると、冗長な自由度といった、克服されるべき「問題」の状況は一変した。

Ⅰ章に登場した牧野さんを思い出してみよう。牧野さんは、やわらかい筆先と独特のざらつきをもつ紙面との接触のコントロールに向けて、麻痺をもった四肢に代えて口に筆をくわえて操作するようになった。と同時に、一筆一筆という短い時間スケールでも、彼のからだの動きには、紙面と筆の接触の調整に向けた、柔軟かつ不可分な組織が生まれていた。さまざまなスケールにおいて、一群の活動が融通無碍に役割を補いあいつつ一丸となることを導いていたのは、環境との「際」で起きつつある出来事そのものだった。そして、からだの動きの冗長な自由度は、こうした柔軟な組織の生成に一役買っていた。

からだの設計を見ると、わたしたちのからだには、細胞から筋肉－骨格－結合組織系にいたるまで、連続的にめぐる引っ張りの力と、不連続な硬い材を押す力が常にかかっていて、それらが互いにつりあいを保っている。常に応力がかかった閉じたシステムとしてのからだは、その独特の設計によって、どこかに力がかかると、各所が折り合いをつけようと同時に変形する。

からだをむすぶ引っ張りの力のネットワークは、「動かされるもの」としてはきわめて厄介なものだ。しかし、「みずから動くもの」にとっては、必ずしもそうとはかぎらない。常に引っ張られていてたるみのない生体組織に生まれる、力学的環境の変化に対してリアルタイムで即応しつづける変形配列の多重構造は、「みずから動くもの」が接触する環境について探り、その複数のプロセスが環境との関係形成に向けて相補的にむすびつく潜在的な機会を与える。テンセグリティロボットのシミュレーションや、アクティブタッチなどの事例から垣間見えたのは、そんな可能性だった。

空気

次に登場したのは、わたしたちのからだを外側から包みこむ「空気」だった。

わたしが環境を「見る」ことについて、「動かない」感覚受容器への刺激入力を起点として考えてみる。すると、入ってくる刺激そのものには、環境内の大事なものごとに一丸となって向かう、能動的な「見る」システムが生まれる根拠は見つからない。

このパラドクスに気づいたギブソンは、「見る」ことについて、感覚受容器をそなえた「みずから動く」わたしを外側から取り囲んでいる空気から考えた。

空気の中では、それぞれの観察点をとりまく光、音、匂いといった、わたしたちが潜在的に感知可能な物理的エネルギーの配列の構造に、そのまわりにあるものごとが独特の仕方で映りつづけている。光について言えば、光源から放射される光が地上環境と出会い、空気中の微粒子と地上のでこぼこした表面とのあいだで散乱反射されることによって、空気中のあらゆる観察点を全方位から取り囲む、周囲の表面によって構造化された光の配列が生まれる。

このとき、空気中のそれぞれの観察点を包囲する、潜在的に検知可能な光の配列のさまざまなスケールの構造は、環境内の表面に近づき、視線をつなぎとめ、水晶体の焦点をあわせ、そこに大事なものごとを一丸となって探る能動的な「見る」システムに活動の機会を与える。

と同時に、観察点を包囲する光の配列の構造とその変化には、見ることのできない「内なるわたし」の代わりに、今、ここを現に占めている、見ることのできる「環境の中のわたし」が現れる。

媒質

からだや空気などの「具体」の性質を縦糸とするならば、本書でこれらの具体をむすぶ横糸となるのは「媒質」という視点だろう。

生物やその構成要素を外側から取り囲み、それが生きる場となっているものを、生物学では「媒質」と呼ぶ。その語源はラテン語の *medium*（中間）であり、主に「あいだに入る実体」という意味で用いられてきた。

「動かない」感覚受容器の外にはしばしば、当の感覚受容器をそなえた「動く」システムが潜在的に感知することができるような、環境にあるものや出来事を法則的な仕方で映し出す物理的エネルギーの包囲配列の構造が存在している。このような包囲エネルギー配列が現れる場としての媒質は、周囲になにがあるかを探り、周囲とどうやって接するかを浮かび上がらせようと一丸となって環境内をみずから動くシステムとしての「わたし」の活動に足場をもたらす。

ここで、情報の海をもたらす媒質として「からだ」を含めることには、あるいは異論があるかもしれない。もちろん、からだの階層的テンセグリティ構造がもたらす生体組織の変形配列と、からだの外側を取り囲む空気中の包囲エネルギー配列は、それが生じる場が皮膚のどちら側かという点で異なる。けれども、いずれの場合も、動くことによって、当の場に現れるエネルギー配列の構造にさまざまな変換を施す機会がわたしに与えられているという点では共通している。

媒質中の各所に、環境にあるものや出来事によって構造化された包囲エネルギー配列が存在し、あらゆる動きにこれらの配列の変換が存在する。この事実をふまえて、本書ではとくに、まわりを「知る」活動が見せる「動き」の特徴に注目した。

石ビーズ職人は、バッファローの角でできたハンマーの先端が触れる感触を探りながら、石材をトントン叩いていた。このとき、職人たちがハンマーを揺らす動きは、一定の型に収束するようなものではなく、流動的なやわらかいものだった。そして、そのやわらかさは、ちょうどテンセグリティロボットのように、さまざまなスケールの動きが不可分にからみあって生まれたうねりに由来する時間構造の特徴をもっていた。

また、一流の職人は、未知の素材に出会うと、さっと変化に富んだ手の動きを見せ、うまくそれを成形して見せた。このことは、ゆらぎが速く拡がる「動き」の独特のダイナミクスが、からだに接続された道具や素材について知らせる「不変量」を効率よく浮かび上がらせることに貢献している可能性を伺わせた。

アクティブタッチはしばしば、「動かされるもの」としてのからだに出力される指令と、そこに入力される刺激を、中枢神経系において統合する活動としてとらえられてきた。しかし、からだの設計がもたらす力学的な場を考慮すると、エネルギー配列の構造の変換を通して情報を浮かび上がらせようと「みずから動く」不可分なシステムの活動としてアクティブタッチを捉える代案も可能だろう。

知能のありか

わたしたちは、知能について、それをからだの内部の狭いところにいったん閉じ込めて、それに参加するものを限定してから考えはじめる癖がある。

けれども、「内部」をちょっと広げてみると、知能の見え方は変わってくる。わたしたちが暮らす空と地面に包まれた「内部」は、広がりだけをもつ「空間」のような、匿名的なところではない。そこには、どこにいっても、どちらを向いても、まったくおなじところはふたつとして存在しないローカルな個性がある。そこには、近づいても、遠ざかっても、新しいことを発見し続けることができる無数のスケールの構造がある。

たとえば、石器の剥片の打ち割りを思い出してほしい。そこには、石核の縁の角度、潜在的な打点から縁までの距離、その打点との接触がもたらす剥片の大きさ、およびそれが打ち割られるのに必要な運動量とのあいだに、高次の不変な関係が存在していた。剥片の打ち割りという出来事に意味をもつまわりの表面の構造が探られ、発見され、その関係の連鎖に作り手が参入することに成功するとき、未来の状態が現在の状態変化に因果的に作用する、ひとつのシステムが生まれた。

本書では、環境の中で具体的に場所を占めているものや出来事を「具体」と呼んだ。そこに「ある」具体のおのおのは、自分なりの仕方で、それが置かれた「まわり」を映し出す。無数に生まれつづけているこのような関係の連鎖がもたらすことは、知り尽くすことができないような、はかりしれないところがある。

具体という地平の上でいくつかの事例を眺めてきて、たしかに言えることがひとつある。それは、「知能」と呼ばれるような現象が、そこに「ある」ことのはかりしれなさに、ぱっくりと口を開けている、ということだ。

あとがき

本書を書き終えたところで、偶然インターネットで、物理学者のファインマン（Feynman, R. P.）が「ものを見ること」について話している映像を見つけた。

プールにたくさんの人が飛び込んだとき、水面はチャプチャプと波打つ。ひょっとすると、これらの波が、プールで起こっていることの「知らせ」になるということはないだろうか。たとえば、プールの隅っこで水面に浮かび、波に揺られながら、当の波の特徴とゆらぎから、誰がどこにいつプールに飛び込んだか、プールの全体で何がおこっているか知ることができる虫がいるとでも想像してみてほしい。

それが、わたしたちがなにかを「見る」ときに起こっていることだ。ただしもちろん、プールの水面の二次元の波とはちがって、光の波は全方向からやってくる。

……そしておなじところに、「見る」ための情報だけじゃなくて、たとえばラジオモスクワからの情報もある。そこには莫大な情報が含まれていて、しかもそれらはほんとうにそこにあるんだ。もし信じないのなら、ワイヤーをもってきて箱につないでごらん。箱のダイヤルを回してあわせれば、ラジオモスクワが聞こえる、というわけさ。情報は常にそこにあったんだ。じゃなかったら、どうやってラジオが聞こえる?（Feynman, 1983）

ファインマンはここで、波の配列や包囲光が生まれる、プールの水や空気の性質については触れていない。けれども、（一）さまざまな出来事を反映して生まれる独特の構造が現にまわりにあって、潜在的に検知することができる情報を含んでいること、そして、（二）それらを実際に検知することを「達成」できるかどうかということは、そこに情報があるかどうかということとは別問題であることを指摘するファインマンのことばは、本書の内容とずいぶん重なる。こんなことを茶目っ気たっぷりに話す映像の中のファインマンに出会えたことは、わたしにとってはうれしい出来事だった。

この本を書いてみて、あたりまえのことなのだけれど、自分がまわりに対して底抜けであること、そして、自分が本を書くことを可能にしている「熱」の出所が、けっして自分の中に閉じてはいないことを、あらためて痛切に感じた。

とりわけ、その表情やことばが、自分のめざす「大事なこと」の重大な指針を与えてくれるような、何人かの人々との出会いが、わたしにこの本を書かせる「熱」を送り込んでくれた。

この本を書く機会を与えてくださったわたしの恩師の佐々木正人先生と、国内外の生態心理学会の仲間たち。ギブソンのことを尋ねると、ゆっくりと言葉を吟味しながら話してくれるギブソン研究者のビル・メイスさん。車に実験機材を積み込んで、旅芸人一座のように一緒に各地をまわったブロンディン・ブリルさん。本書の編者のひとりとして、わたしの拙い原稿を読んで、率直な疑問をぶつけてくださった國吉康夫先生。

とりつくろわずに、真摯な姿勢を見せることを通して、わたしの姿勢を正してくださったこれらの方々に、本書は多くを負っている。ここにあらためて感謝したい。

さらに本書の実現にあたっては、金子書房の亀井千是氏、渡部淳子氏から、さまざまなサポートをいただいた。両氏に感謝の意を表したい。

最後に、まわり道の多いわたしを常に信頼してくれた母と父、いつもわたしのまわりにいてくれる妻のサラ、娘の仁那、息子の亥之に、どうもありがとう、と言いたい。

野中　哲士（のなか てつし）

神戸大学大学院人間発達環境学研究科准教授。
1972年生まれ。東京大学文学部美学芸術学専修課程卒業。音楽家として活動したのち、東京大学大学院学際情報学府博士課程修了、博士（学際情報学）取得。社会科学高等研究院（フランス）研究員、吉備国際大学准教授を経て2014年より現職。ハーバード大学ヴィース生物規範工学研究所客員研究員、社会科学高等研究院客員研究員を併任。専攻は心理学。神戸塩屋在住。

シリーズ編集
佐々木正人　東京大学大学院教育学研究科教授
國吉　康夫　東京大学大学院情報理工学系研究科教授

新・身体とシステム
具体の知能

2016年7月20日　初版第1刷発行　　検印省略

著　者　野中哲士
発行者　金子紀子
発行所　株式会社　金子書房
〒112-0012東京都文京区大塚3-3-7
TEL 03-3941-0111／FAX 03-3941-0163
振替 00180-9-103376
URL　http://www.kanekoshobo.co.jp

印刷／藤原印刷株式会社
製本／株式会社宮製本所

ISBN978-4-7608-9390-4　C3311　　Printed in Japan

文　献

プロローグ

Diderot, D. 1951 *Le Rêve de d'Alembert, Entretien entre d'Alembert et Diderot et Suite de l'Entretien*. Édition critique d'après le manuscrit autographe de Diderot avec une étude et des notes de Paul Vernière. Paris, Didier.［新村猛訳　1958　ダランベールの夢――他四篇　岩波書店］

Ⅰ章

Bernstein, N. A. 1967 *The co-ordination and regulation of movements*. London: Pergamon Press.

Bernstein, N. A. 1996 *Dexterity and its development*. Marwah: Erlbaum.［工藤和俊訳　2003　デクステリティ 巧みさとその発達　金子書房］

Bernstein, N. A. 2006 Basic methodological positions of the physiology of movements. *Journal of Russian and East European Psychology*, **44**(2), 12–32.

Gelfand, I. M. 1989 *Two archetypes in the psychology of man*. *The lecture note for Kyoto Prize*. Retrieved July 1, 2011 from http://www.israelmgelfand.com/talks/two_archetypes.pdf

Gelfand, I. M., Gurfinkel, V. S., Fomin, S. V., & Tsetlin, M. L. (Eds.) 1971 *Models of the structural-functional organization of certain biological systems.* Cambridge: MIT Press.

Gelfand, I. M., Gurfinkel, V. S., Tsetlin, M. L., & Shik, M. L. 1971 Some problems in the analysis of movements. In I. M. Gelfand, V. S. Gurfinkel, S. V. Fomin, & M. L. Tsetlin (Eds.), *Models of the structural-functional organization of certain biological systems* (pp.329–345). Cambridge: MIT Press.

Gelfand, I. M., & Tsetlin, M. L. 1971 On mathematical modeling of the mechanisms of the central nervous system. In I. M. Gelfand, V. S. Gurfinkel, S. V. Fomin, & M. L. Tsetlin (Eds.), *Models of the*

structural-functional organization of certain biological systems (pp.9–26). Cambridge: MIT Press.

Gibson, J. J. 1966 *The senses considered as perceptual systems*. Boston: Houghton Mifflin.

Gibson, J. J. 1978 *The evolution of locomotion and manipulation*. Unpublished manuscript.

Gibson, E. J. 1994 Has psychology a future? *Psychological Science*, **5**(2), 69–76.

Nonaka, T. 2013 Motor variability but functional specificity: The case of a C4 tetraplegic mouth calligrapher. *Ecological Psychology*, **25**(2), 131–154.

Rieffel, J., Trimmer, B., & Lipson, H. 2008 Mechanism as mind: What tensegrities and caterpillars can teach us about soft robotics. In S. Bullock, J. Noble, R. Watson, & M. A. Bedau (Eds.), *Artificial Life XI* (pp.506–512).

Rieffel, J. A., Valero-Cuevas, F. J., & Lipson, H. 2010 Morphological communication: Exploiting coupled dynamics in a complex mechanical structure to achieve locomotion. *Journal of the Royal Society Interface*, **7**(45), 613–621.

Schöner, G. 1995 Recent developments and problems in human movement science and their conceptual implications. *Ecological Psychology*, **8**, 291–314.

Strogatz, S. H., Abrams, D. M., McRobie, A., Eckhardt, B., & Ott, E. 2005 Theoretical mechanics: Crowd synchrony on the Millennium Bridge. *Nature*, **438**(7064), 43–44.

Suzuki, D. T. 1938 *Zen Buddhism and its influence on Japanese culture*. Kyoto, The Eastern Buddhist Society. ［鈴木大拙著　北川桃雄訳　1940　禅と日本文化　岩波書店］

Thompson, D. W. 1942 *On growth and form*. New York: McMillan. (Original work published 1917)

Turvey, M. T., & Fonseca, S. T. 2014 The medium of haptic perception: A tensegrity hypothesis. *Journal of Motor Mehavior*, **46**(3), 143–187.

II章

アリストテレス著 内山勝利・神崎繁・中畑正志編集　2014　新版アリストテレス全集 7 魂について　自然学小論集　岩波書店

Baicu, C. F., Stroud, J. D., Livesay, V. A., Hapke, E., Holder, J., Spinale, F. G., & Zile, M. R. 2003 Changes in extracellular collagen matrix alter myocardial systolic performance. *American Journal of Physiology-Heart and Circulatory Physiology*, **284**(1), H122–H132.

Berkeley, G. 1709 *An Essay towards a New Theory of Vision*.［下條信輔・植村恒一郎・一ノ瀬正樹訳　1990　視覚新論　勁草書房］

Brenneman, R. J. 1984 *Fuller's earth: A day with bucky and the kids.* New York: St. Martin's Press.［芹沢高志・高岸道子訳　1990　フラーがぼくたちに話したこと　めるくまーる］

Chen, C. S., & Ingber, D. E. 1999 Tensegrity and mechanoregulation: from skeleton to cytoskeleton. *Osteoarthritis and Cartilage*, **7**(1), 81–94.

Fonseca, S. T., & Turvey, M. T. 2006, June. *Biotensegrity perceptual hypothesis: A medium of haptic perception*. In North America Meeting of the International Society for Ecological Psychology. Cincinnati, Ohio.

Fuller, R. B. 1975 *Synergetics*. New York: McMillan.

Fuller, R. B. 1979 *Synergetics 2: Further explorations in the geometry of thinking.* New York: McMillan.

Fuller, R. B. 1992 *Cosmography*. New York: McMillan.［梶川泰司訳　2007　コズモグラフィー——シナジェティクス原理　白揚社］

Gibson, 1966, *op. cit*.

Huijing, P. A. 2009 Epimuscular myofascial force transmission: A historical review and implications for new research. International Society of Biomechanics Muybridge Award Lecture, Taipei, 2007. *Journal of Biomechanics*, **42**(1), 9–21.

Ingber, D. E. 1998 The architecture of life. *Scientific American,* **278**(1), 48–57.

Ingber, D. E. 2006 Cellular mechanotransduction: Putting all the

pieces together again. *The FASEB Journal*, **20**(7), 811–827.
Ingber, D. E., & Landau, M. 2012 Tensegrity. *Scholarpedia*, **7**(2), 8344.
Kokkorogiannis, T. 2008 Two enigmas in proprioception: Abundance and location of muscle spindles. *Brain Research Bulletin*, **75**, 495–496.
蔵本由紀　2007　非線形科学　集英社
Levin, S. M. (2006). Tensegrity: The new biomechanics. In M. Hutson & R. Ellis (Eds.), *Textbook of muscularskeletal medicine* (pp.69–80). Oxford, England: Oxford University Press.
Mammoto, T., Mammoto, A., & Ingber, D. E. 2013 Mechanobiology and developmental control. *Annual Review of Cell and Developmental Biology*, **29**, 27–61.
長山和亮・松本健郎　2013　細胞のバイオメカニクス――組織再生に向けたメカノトランスザクションの理解とその制御　人工臓器　42巻３号，205–206.
Silva, P. L., Harrison, S., Kinsella-Shaw, J., Turvey, M. T., & Carello, C. 2009 Lessons for dynamic touch from a case of stroke-induced motor impairment. *Ecological Psychology*, **21**(4), 291–307.
Stoffregen, T. A., Smart, L. J., Bardy, B. G., & Pagulayan, R. J. 1999 Postural stabilization of looking. *Journal of Experimental Psychology: Human Perception and Performance*, **25**, 1641–1658.
Turvey, M. T., & Carello, C. 2011 Obtaining information by dynamic (effortful) touching. *Philosophical Transactions of the Royal Society B: Biological Sciences*, **366** (1581), 3123–3132.
Turvey, & Fonseca, 2014, *op. cit*.

III章

Biryukova, E. V., & Bril, B. 2008 Organization of goal-directed action at a high level of motor skill: The case of stone knapping in India. *Motor Control*, **12**(3), 181–209.
Bleckmann, H. 1994 *Reception of hydrodynamic stimuli in aquatic*

and semiaquatic animals. New York: Fischer.

Brockmann, D., & Geisel, T. 2000 The ecology of gaze shifts. *Neurocomputing*, **32**, 643–650.

ルイス・キャロル著　脇明子訳　2000　鏡の国のアリス　岩波書店

Darwin, C. R. 1865 *The movements and habits of climbing plants*. London: John Murray.［渡辺仁訳　1991　よじのぼり植物——その運動と習性　森北出版］

Dehnhardt, G., Mauck, B., Hanke, W., & Bleckmann, H. 2001 Hydrodynamic trail-following in harbor seals (*Phoca vitulina*). *Science*, **293**(5527), 102–104.

Ghiselin, M. T. 1969 *The triumph of the darwinian method*. Berkeley: University of California Press.

Gibson, J.J. 1979 *The ecological approach to visual perception*. Boston: Houghton-Mifflin.［古崎敬ほか訳　1985　生態学的視覚論　サイエンス社］

Hanke, W. 2014 Natural hydrodynamic stimuli. In H. Bleckmann, J. Mogdans, & S. L. Coombs (Eds.), *Flow sensing in air and water* (pp.3–29). Springer Berlin Heidelberg.

Hanke, W., & Bleckmann, H. 2004 The hydrodynamic trails of *Lepomis gibbosus* (Centrarchidae), *Colomesus psittacus* (Tetraodontidae) and *Thysochromis ansorgii* (Cichlidae) investigated with scanning particle image velocimetry. *Journal of Experimental Biology*, **207**(9), 1585–1596.

Hanke, W., Wieskotten, S., Marshall, C., & Dehnhardt, G. 2013 Hydrodynamic perception in true seals (Phocidae) and eared seals (Otariidae). *Journal of Comparative Physiology A*, **199**(6), 421–440.

Humphries, N. E., Queiroz, N., Pade, N. G., Musyl, M. K., Schaefer, K. M., Fuller, D. W., Brunnschweiler, J. M., Doyle, K. T., Houghton, J. D. R., Hays, G. C., Jones, C. S., Noble, L. R., Wearmouth, V. J., Southall, E. J., & Sims, D. W. 2010 Environmental context explains Lévy and Brownian movement patterns of marine predators. *Nature*, **465**(7301), 1066–1069.

Humphries, N. E., Weimerskirch, H., Queiroz, N., Southall, E. J., & Sims, D. W. 2012 Foraging success of biological Lévy flights recorded in situ. *Proceedings of the National Academy of Sciences*, **109**(19), 7169–7174.

岩村吉晃　2001　タッチ　医学書院

Kolmogorov, A. N., Zhurbenko, I. G., & Prokhorov, A. V. 1995 *VVEDENIE V TEORIYU VEROIATNOSTEI*. Moscow: Nauka.［丸山哲朗・馬場良和訳　2003　コルモゴロフの確率論入門　森北出版］

Levi, R., Varona, P., Arshavsky, Y. I., Rabinovich, M. I., & Selverston, A. I. 2004 Dual sensory-motor function for a molluskan statocyst network. *Journal of Neurophysiology*, **91**(1), 336–345.

Marr, D. 1982 *Vision*. Cambridge: MIT press.

Meneveau, C., & Sreenivasan, K. R. 1987 Simple multifractal cascade model for fully developed turbulence. *Physical Review Letters,* **59**(13), 1424.

Niesterok, B., & Hanke, W. 2013 Hydrodynamic patterns from fast-starts in teleost fish and their possible relevance to predator-prey interactions. *Journal of Comparative Physiology A*, **199**(2), 139–149.

Nonaka, T., & Bril, B. 2014 Fractal dynamics in dexterous tool use: The case of hammering behavior of bead craftsmen. *Journal of Experimental Psychology: Human Perception and Performance*, **40**(1), 218–231.

Roux, V. 2000 *Cornaline de l'Inde: Des pratiques techniques aux technosystèmes de l'Orientancien*. Paris: Edition de MSH.

Rubin, E. 1915 *Synsoplevede Figurer. Studier i psykologisk Analyse/Visuell wahrgenommene Figuren. Studien in psychologischer Analyse* [Visually perceived figures. Studies in psychological analysis].

Schreiber, T., & Schmitz, A. 1996 Improved surrogate data for nonlinearity tests. *Physical Review Letters*, **77**(4), 635.

Schulte-Pelkum, N., Wieskotten, S., Hanke, W., Dehnhardt, G., & Mauck, B. 2007 Tracking of biogenic hydrodynamic trails in har-

bour seals (*Phoca vitulina*). *Journal of Experimental Biology*, **210**(5), 781–787.

Shlesinger, M. F., Zaslavsky, G. M., & Klafter, J. 1993 Strange kinetics. *Nature*, **363**, 31–37.

Sims, D. W., Humphries, N. E., Bradford, R. W., & Bruce, B. D. 2012 Lévy flight and Brownian search patterns of a free-ranging predator reflect different prey field characteristics. *Journal of Animal Ecology*, **81**(2), 432–442.

Stephen, D. G., Arzamarski, R., & Michaels, C. F. 2010 The role of fractality in perceptual learning: Exploration in dynamic touch. *Journal of Experimental Psychology: Human Perception and Performance*, **36**, 1161–1173.

Stephen, D. G., & Hajnal, A. 2011 Transfer of calibration between hand and foot: Functional equivalence and fractal fluctuations. *Attention, Perception, & Psychophysics*, **73**, 1302–1328.

辻敬一郎　1988　等質視野における外界と自己——ガンツフェルト実験の再吟味　名古屋大学文学部研究論集 哲学　**34**, 75–88.

辻敬一郎　1997　ガンツフェルトにおける「外界」と「自己」 基礎心理学研究　**16**(1), 33–37.

Turvey, M. T. 1996 Dynamic touch. *American Psychologist*, **51**(11), 1134–1152.

Viswanathan, G. M., Buldyrev, S. V., Havlin, S., Da Luz, M. G. E., Raposo, E. P., & Stanley, H. E. 1999 Optimizing the success of random searches. *Nature*, **401**(6756), 911–914.

Viswanathan, G. M., da Luz, M. G., Raposo, E. P., & Stanley, H. E. 2011. *The physics of foraging*. Cambridge: Cambridge University Press.

Wieskotten, S., Mauck, B., Miersch, L., Dehnhardt, G., & Hanke, W. 2011 Hydrodynamic discrimination of wakes caused by objects of different size or shape in a harbour seal (*Phoca vitulina*). *The Journal of Experimental Biology*, **214**(11), 1922–1930.

Ⅳ章

Chapman, S. 1968 Catching a baseball. *American Journal of Physics*, **36**(10), 868–870.

Delagnes, A., & Roche, H. 2005 Late Pliocene hominid knapping skills: The case of Lokalalei 2C, West Turkana, Kenya. *Journal of Human Evolution*, **48**(5), 435–472.

Dibble, H. L., & Pelcin, A. W. 1995 The effect of hammer mass and velocity on flake mass. *Journal of Archaeological Science*, **22**, 429–439.

Gibson, J. J. 1978 *How do we control contacts with the environment?: The problem of foresight*. Unpublished manuscript.

Harmand, S., Lewis, J. E., Feibel, C. S., Lepre, C. J., Prat, S., Lenoble, A., Boës, X., Quinn, R. L., Brenet, M., Arroyo, A., Taylor, N., Clément, S., Daver, Gl, Brugal, J-P., Leakey, L., Mortlock, R. A., Wright, J. D., Lokorodi, S., Kirwa, C., Kent, D. V., & Roche, H. 2015 3.3-million-year-old stone tools from Lomekwi 3, West Turkana, Kenya. *Nature*, **521**, 310–315.

Lee, W. A. 1984 Neuromotor synergies as a basis for coordinated intentional action. *Journal of Motor Behavior,* **16**(2), 135–170.

McPherron, S. P., Alemseged, Z., Marean, C. W., Wynn, J. G., Reed, D., Geraads, D., Bobe, R., & Béarat, H. A. 2010 Evidence for stone-tool-assisted consumption of animal tissues before 3.39 million years ago at Dikika, Ethiopia. *Nature*, **466**(7308), 857–860.

Michaels, C. F., & Oudejans, R. R. 1992 The optics and actions of catching fly balls: Zeroing out optical acceleration. *Ecological Psychology*, **4**(4), 199–222.

Nonaka, T., Bril, B., & Rein, R. 2010 How do stone knappers predict and control the outcome of flaking? Implications for understanding early stone tool technology. *Journal of Human Evolution*, **59**(2), 155–167.

Oudejans, R. R., Michaels, C. F., Bakker, F. C., & Davids, K. 1999 Shedding some light on catching in the dark: Perceptual mecha-

nisms for catching fly balls. *Journal of Experimental Psychology: Human Perception and Performance*, **25**(2), 531–542.

Pelegrin, J. 1993 A framework for analysing prehistoric stone tool manufacture and a tentative application to some early stone industiries. In A. Berthelet, & J. Chavaillon (Eds.), *The Use of Tools by Human and Non-human Primates* (pp.301–314). Oxford: Clarendon Press.

Reed, E. S. 1988 Applying the theory of action systems to the study of motor skills. In O. G. Meijer & K. Roth (Eds.), *Complex movement behavior: The motor-action controversy* (pp.45–86). Amsterdam: Elsevier Science B. V.

Roche, H., Delagnes, A., Brugal, J. P., Feibel, C., Kibunjia, M., Mourre, V., & Texier, P. J. 1999 Early hominid stone tool production and technical skill 2.34 Myr ago in West Turkana, Kenya. *Nature*, **399**(6731), 57–60.

Roche, H. 2005 From simple flaking to shaping: stone knapping evolution among early hominids. In E. Roux & B. Bril (Eds.), *Stone knapping: The necessary conditions for a uniquely hominin behaviour* (pp.35–48). Cambridge, England: McDonald Institute for Archaeological Research.

Semaw, S., Rogers, M. J., Quade, J., Renne, P. R., Butler, R. F., Dominguez-Rodrigo, M., Stout, D., Hart, W. S., Pickering, T., & Simpson, S. W. 2003 2.6-Million-year-old stone tools and associated bones from OGS-6 and OGS-7, Gona, Afar, Ethiopia. *Journal of Human Evolution*, **45**, 169–177.

Toth, N., Schick, K., & Semaw, S. 2006 A comparative study of the stone tool-making skills of Pan, Australopithecus, and Homo sapiens. In N. Toth, & C. Schick (Eds.), *The oldowan: Case studies into the earliest stone age* (pp.155–222). Gosport: Stone Age Institute Press.

Zaal, F. T., & Michaels, C. F. 2003 The information for catching fly balls: Judging and intercepting virtual balls in a CAVE. *Journal of Experimental Psychology: Human Perception and Performance*,

29(3), 537-555.

あとがき
Feynman, R. 1983 *On seeing things*. Retrieved December 27, 2015, from https://www.youtube.com/watch?v=PC4SfsSfpR8